dies

ormation to the Modern Day

y

.l Kaisy-Friemuth, Khalilizand Mansooreh

ıra Sievers

lume 9

I0896615

Ilyass Amharar
Faire reviv

Kalām St

From the

Edited
Maha
and

V

Ilyass Amharar

Faire revivre l'ashʿarisme chez les Mālikites

Édition critique, traduction et étude d'un manuscrit inédit du Ḥathth ʿalā l-baḥth d'al-Ashʿarī commenté par al-Ṭurṭūshī

DE GRUYTER

ISBN 978-3-11-223387-0
e-ISBN (PDF) 978-3-11-223388-7
e-ISBN (EPUB) 978-3-11-223389-4
ISSN 2941-1882

Library of Congress Control Number: 2026932239

Bibliographic information published by the Deutsche Nationalbibliothek
The Deutsche Nationalbibliothek lists this publication in the Deutsche Nationalbibliografie; detailed bibliographic data are available on the Internet at http://dnb.dnb.de.

Typesetting: Dörlemann Satz, Lemförde

www.degruyterbrill.com
Questions about General Product Safety Regulation:
productsafety@degruyterbrill.com

Préface

Ilyass Amharar

Le lundi 28 novembre 2022, le séminaire international « Les études de *kalām* – recherches en cours », que j'ai coorganisé avec Fouad Ben Ahmed dans le cadre d'une collaboration entre le Centre Jacques Berque et Philosmus avec le soutien de l'IISMM, inaugurait sa première séance, qui était donnée par ʿAbdallah Taourati, maître de conférences à la Faculté Pluridisciplinaire de Nador et qui s'intitulait : « L'apologie de l'ashʿarisme dans le *Kitāb al-Asrār wa-l-ʿibar* d'Abū Bakr al-Ṭurṭūshī (520/1127) ». Si l'on doit la découverte de ce précieux texte d'Abū Bakr al-Ṭurṭūshī à al-Mannūnī, en 1983, alors qu'il officiait à la Bibliothèque Royale de Marrakech, il a fallu attendre un peu moins d'une quarantaine d'années pour avoir le deuxième article sur ce texte, avec Muḥammad Ben Shrīfa, paru en 2021.

Je ne crois pas exagérer en affirmant que la conférence donnée par Taourati a été décisive dans le regain d'intérêt pour al-Ṭurṭūshī et son texte dans le monde arabe. C'est après celle-ci que l'on commençait à entendre, çà et là, qu'Untel ou Untel autre comptait éditer les *Asrār*.

Nous avions chargé Brahim Bouhouliyan, chercheur associé à la Rabita Mohammedia, d'être le discutant de Taourati, ce qui le poussa à s'intéresser davantage au manuscrit du texte et à en faire une lecture approfondie. Bouhouliyan connaissant mon intérêt pour l'ashʿarisme au Maghreb, m'alerta sur un élément de première importance : al-Ṭurṭūshī avait incorporé, à l'intérieur de ses *Asrār*, l'épître attribuée à al-Ashʿarī connue sous les deux titres d'*al-Ḥathth ʿalā l-baḥth* et *Istiḥsān al-khawḍ fī ʿilm al-kalām*, et en avait proposé une paraphrase. Brahim s'est proposé de l'éditer tel quel, pour ce que passage renseignait sur al-Ṭurṭūshī et sa pensée.

Pour ma part, l'intérêt de ce texte allait bien au-delà. Il était un témoin de la circulation d'un texte d'al-Ashʿarī en Afrique du Nord et participait d'un projet de diffusion de l'ashʿarisme dans les cercles mālikites d'Alexandrie spécifiquement, mais en tant que nouvelle version disponible du *Ḥathth ʿalā l-baḥth*, ce texte devait être appréhendé comme une pièce à conviction supplémentaire dans l'investigation plus générale autour de l'histoire du traité attribué à al-Ashʿarī, et se devait donc d'être confronté aux travaux de Frank ou McCarthy, afin de dégager de nouvelles hypothèses et pistes de réflexions sur la place du texte dans l'œuvre d'al-Ashʿarī.

J'ai donc décidé de me charger moi-même de ce travail, en comptant sur l'aide précieuse d'Abdallah Taourati, qui m'a gratifié d'une copie du manuscrit et en a établi une première transcription partielle, dont la lecture n'a pas toujours été simple. Grâce à ce premier travail, j'ai pu effectuer une seconde lecture, qui m'a permis de compléter cette première retranscription, en corrigeant certaines lectures ou en comblant les blancs laissés par mon collègue. J'ai parfaitement conscience

https://doi.org/10.1515/9783112233887-201

que cette seconde lecture n'a été possible que grâce à la première transcription, qui m'a fait l'économie de longues heures de déchiffrage et m'a permis de consacrer le gros de mon énergie dans le décryptage des passages les plus obscurs. C'est sur la base de celle-ci que j'ai construit ma propre retranscription, puis que j'ai effectué l'édition du texte, puis sa traduction, le tout précédé d'une introduction apportant de nouveaux éclairages tant sur le traité d'al-Ashʿarī que sur sa retransmission par al-Ṭurṭūshī.

Je remercie également Brahim Bouhaouliyan d'avoir éveillé mon intérêt pour ce texte. Enfin, j'ai une pensée pour mes étudiants d'al-Qarawiyyīn à qui j'ai enseigné un module en français sur le *kalām* au cours duquel je leur ai proposé un atelier de traduction de morceaux de ce traité. C'est aussi grâce à eux que j'ai trouvé la motivation nécessaire pour traduire ce texte.

Table des matières

Préface —— V

Introduction —— 1

1 Vie et œuvre d'al-Ṭurṭūshī —— 3

2 Le livre *al-Asrār wa-l-ʿibar* —— 7

3 La filiation ashʿarite d'al-Ṭurṭūshī —— 11

4 La rencontre avec al-Ghazālī —— 15

5 Rappels sur le *Kitāb al-Ḥathth ʿalā l-baḥth* d'al-Ashʿarī : contenu et transmission —— 19

6 Ce qu'apporte la recension d'al-Ṭurṭūshī à l'édition de Frank —— 23

7 La place d'*al-Ḥathth ʿalā l-baḥth* dans l'œuvre d'al-Ashʿarī —— 55

8 Le commentaire d'al-Ṭurṭūshī : une réponse à al-Ghazālī ou aux Mālikites hostiles à l'ashʿarisme ? —— 63

9 Un mot sur l'édition-traduction —— 75

Al-Ḥathth ʿalā l-baḥth / Traduction —— 77

Le commentaire d'al-Ṭurṭūshī / Traduction —— 111

Bibliographie —— 161

Index

Index des versets —— **163**
Index des traditions prophétiques —— **163**
Index des personnalités citées —— **163**
Index des groupes —— **164**
Index des livres —— **164**
Index des notions —— **164**

Introduction

L'ashʿarisme est l'une des principales expressions de la théologie sunnite à l'âge classique. Fondée en Irak par Abū l-Ḥasan al-Ashʿarī (m. 324/936), cette école théologique s'est progressivement imposée au fil des siècles, devenant l'une des plus influentes parmi les musulmans sunnites, et ce, jusqu'à nos jours. Dès ses débuts, cette école de pensée ne s'est jamais présentée comme une nouvelle voie, mais plutôt comme une défense de l'héritage du *salaf.* Elle s'est ainsi posée en « réaction sunnite » face à des adversaires idéologiques tels que les philosophes, les Muʿtazilites et même les chiites. La réfutation des thèses des philosophes (*falāsifa*) a occupé une place importante dans les premiers traités ashʿarites. Le développement de cette doctrine fut le fruit d'un long processus, sans succès immédiat généralisé.

Dans le vaste champ de l'histoire de la pensée musulmane, notre spécialisation concerne la diffusion de l'ashʿarisme en Occident musulman : ses étapes, les figures savantes qui l'ont incarné et les productions qui en ont découlé. Qui furent les premiers Maghrébins à adopter l'ashʿarisme et quelles furent les modalités historico-politiques de cette « conversion » ? Les prémisses de ce transfert doctrinal de Bagdad vers le Maghreb ont été cruciales, mais les données disponibles sont insuffisantes pour en tracer un tableau précis. Un moyen d'étudier cette réception consiste à analyser les commentaires maghrébins des premiers textes ashʿarites. Cette littérature ne s'est développée qu'à partir du Ve/XIe siècle, et même alors, seuls des commentaires de traités ashʿarites relativement tardifs, comme ceux d'al-Bāqillānī ou d'al-Juwaynī, sont disponibles ; rien autour d'al-Ashʿarī lui-même.

C'est du moins ce que nous croyions jusqu'à récemment. Abū Bakr al-Ṭurṭūshī (520/1127), est un théologien andalou ashʿarite que l'on peut qualifier de « conservateur », dans la mesure où il se montrait particulièrement hermétique aux influences extérieures, surtout celles de la *falsafa.* Disciple d'Abū al-Walīd al-Bājī, il part à son tour pour le *Mashriq*, et s'installe finalement à Alexandrie, après avoir vécu un temps à Jérusalem. Là-bas, il rencontre son futur disciple, le Qāḍī Ibn al-ʿArabī, mais surtout al-Ghazālī. Al-Ṭurṭūshī s'opposa à la trajectoire mystique de ce dernier, qu'il considérait comme une dérive néoplatonicienne. Irrité par le succès du *Iḥyāʾ ʿulūm al-dīn*, il entreprit la rédaction d'un ouvrage concurrent jugé plus « orthodoxe » : le *Kitāb al-Asrār wa-l-ʿibar.*

De ce texte, il ne subsiste aujourd'hui qu'un manuscrit fragmentaire unique, conservé à la bibliothèque royale de Marrakech (Ms. 404), ne contenant que deux des cents chapitres initiaux. Lacunaire et parfois illisible, ce manuscrit a néanmoins préservé un chapitre d'une grande importance : al-Ṭurṭūshī y restitue intégralement l'épître d'al-Ashʿarī, *Risālat al-ḥathth ʿalā l-baḥth*, suivie d'un commentaire consistant en des annotations succinctes.

https://doi.org/10.1515/9783112233887-202

Ce commentaire n'est pas négligeable. Il est à notre connaissance, le seul et unique commentaire médiéval jamais écrit sur l'épître d'al-Ashʿarī. Il est également au cœur du projet de son auteur de « re-sunnisation » d'Alexandrie. Ce manuscrit témoigne également de la circulation d'un traité d'al-Ashʿarī au Maghreb.

Une édition critique, accompagnée d'une traduction, d'une introduction et d'une analyse de ce texte et de son commentaire, nous permettra d'en apprendre davantage à la fois sur le traité d'al-Ashʿarī lui-même mais aussi sur les modalités de circulation des premiers textes ashʿarites en Afrique du Nord.

Après un rappel sur la vie et l'œuvre d'al-Ṭurṭūshī, nous présenterons le livre des *Asrār*, ce qui nous amènera à nous interroger sur l'ashʿarisme d'al-Ṭurṭūshī et la place de celui-ci dans son opposition à al-Ghazālī. Nous reviendrons ensuite sur le *Ḥathth* d'al-Ashʿarī et évaluerons à quel point cette nouvelle recension permet de jeter de nouveaux éclairages sur la place réelle de ce texte dans l'œuvre d'al-Ashʿarī. Enfin, nous analyserons le commentaire d'al-Ṭurṭūshī à la lumière de son projet de reconfiguration du paysage sunnite à Alexandrie.

1 Vie et œuvre d'al-Ṭurṭūshī

Abū Bakr Muḥammad b. al-Walīd al-Fihrī al-Ṭurṭūshī, aussi connu sous le nom d'Ibn Abī Randaqa, est un juriste mālikite, un théologien ash'arite et un ascète andalou né dans la ville de Tortose[1], en 451/1059.

Abū Bakr suit un premier enseignement dans sa ville natale, avant d'étudier ailleurs dans la péninsule, comme à Saragosse, où vit alors l'un des savants andalous les plus célèbres de son époque : Abū l-Walīd al-Bājī (474/1081).

Comme ce dernier, la formation d'al-Ṭurṭūshī est fortement marquée par un voyage en Orient, qu'il débute en 476/1083. Il étudie dans les grands centres scientifiques orientaux : en Irak, entre les années 477/1084 et 480/1087 (Bagdad, Bassora, et Wāsiṭ) et en Syrie/Palestine de 480/1087 à 489/1096 (Damas et Jérusalem), avant d'entrer en Egypte, séjournant d'abord à Rosette (Rashīd) puis à Alexandrie en 490/1097, où il décide de s'installer définitivement.

Abū Bakr justifia ce choix par la mission qu'il s'était donné en Egypte : sauver le sunnisme que, selon lui, le califat fatimide menaçait de faire disparaître. Le savant andalou s'efforcera de combattre les pratiques qu'il jugera comme étant des hérésies et innovations et consacre même un ouvrage à cela : *Kitāb al-Ḥawādith wa-l-bida'*, qui est le deuxième plus ancien traité qui nous soit parvenu dans la littérature des *kutub al-bida'*[2]. Devenu célèbre pour son projet de restauration du sunnisme, son influence atteint les sphères du pouvoir, notamment des vizirs sunnites, comme al-Afḍal (515/1121) ou son successeur al-Baṭā'iḥī (522/1128), à qui il dédie son miroir aux princes *Sirāj al-Mulūk*, texte qui montre que sa pensée ne se bornait pas au droit, mais qu'il avait également développé une réflexion sur l'art de gouverner, ou encore sur les relations entre musulmans et chrétiens/juifs. Il est témoin de la première Croisade, et soutient le *jihād* almoravide en Occident à travers une lettre sur la bonne gouvernance qu'il écrit à Ibn Tāshfīn.

Abū Bakr al-Ṭurṭūshī décède à Alexandrie en 520/1126. Sa tombe est devenue un lieu de pèlerinage (*ziyāra*) et de recherches de bénédictions (*tabarruk*).

Un des éléments marquants dans l'étude de la vie d'al-Ṭurṭūshī est qu'il a, d'une part, été influencé par al-Ghazālī, qu'il a rencontré et admiré, avant d'en devenir un adversaire idéologique, et qu'il a, d'autre part, été un enseignant déterminant dans la formation de deux figures importantes de l'histoire du Maghreb : Ibn al-'Arabī et Ibn Tūmart.

1 Tortose est une ville dans le nord-est de l'Espagne, en Catalogne. Elle est la capitale de la comarque de Baix Ebre dans la province de Tarragone.

2 Le premier étant le *Kitāb al-bida'* d'Ibn Waḍḍāḥ (287/900), édité et traduit par Fierro en 1988. Pour une liste des *kutub al-bida'*, voir : Fierro, *El libro*, pp. 114–115.

https://doi.org/10.1515/9783112233887-001

Si les chercheurs ont très tôt manifesté un intérêt pour al-Ṭurṭūshī (avec, on va le voir une première traduction remontant aux années 30, une première édition en fin des années 50 et une première étude en arabe une décennie plus tard[3]), c'est plus dans les deux dernières décennies du XXème siècle que les travaux vont particulièrement se multiplier. Dès 1979, Ghrāb s'est ainsi intéressé à la position d'Abū Bakr contre l'*Iḥyā'* d'al-Ghazālī et édita l'épitre qu'il écrivit à un certain Ibn Muẓaffar dans laquelle il se livre à une critique sommaire dudit livre[4]. Si le *Kitāb al-Ḥawādith wa-l-bida'* est édité dès 1959 par Talbi, il est réédité par Turki en 1990, puis traduit par Maribel Fierro en 1993. De 1986 à 1997, trois textes d'al-Ṭurṭūshī sont édités[5].

Concernant la vie et l'œuvre d'Abū Bakr al-Ṭurṭūshī, il est difficile de faire ni plus ni mieux que Maribel Fierro, qui y a consacré un volumineux chapitre introductif[6] dans sa traduction du livre d'al-Ṭurṭūshī *Kitāb al-Ḥawādith wa-l-bida'*, parue en 1993 mais réalisée à partir d'un de ses travaux universitaires antérieurs. Fierro y offre un inventaire fouillé et précis dans lequel elle dresse une liste de chroniqueurs musulmans ayant consacré une notice à al-Ṭurṭūshī, classés chronologiquement, d'Ibn Bashkuwāl (578/1183) à Ḥajjī Khalīfa (1067/1657). Les études modernes ne sont pas de reste, puisque la chercheuse espagnole donne également une liste de quinze chercheurs s'étant intéressés, de près ou de loin, au savant andalou : on y trouve des auteurs d'ouvrages généralistes de référence (comme Pons Boigues, Brockelmann, Kaḥḥāla ou encore Zirikli[7]) et d'autres qui se sont intéressés à al-Ṭurṭūshī en introduction d'une édition ou traduction d'un de ses textes (Talbi ou Turki pour *Kitāb al-ḥawādith wa-l-bida*[8], Alarcón pour sa traduction du *Sirāj*[9], ou encore Viguera

3 Al-Sayyāl, «Abū Bakr al-Ṭurṭūshī», *A'lām al-'Arab*, le Caire, Dār al-Kātib al-'arabī, 1968, p. 80.

4 Ghrāb, «Ḥawl iḥrāq al-murābiṭīn li-Iḥyā' al-Ghazālī», in *Actas del IV coloquio Hispano-Tunecino (Palma de Mallorca, 1979)*, Madrid: Instituto Hispano-Arabe de Cultura, 1983, pp. 133–163.

5 *Birr al-walidayn*, éd. M. A. H. al-Qadi, Beirut, 1986; *Kitāb al-du'ā'*, éd. M. R. al-Daya, Beyrouth: Dār al-fikr al-mu'āṣir, 1988; *Risāla fī taḥrīm al-jubn al-rūmī wa-Kitāb Taḥrīm al-ginā, wa-l-samā'*, Dār al-Gharb al-islāmī, 1997.

6 Fierro, *El libro de las novedades y las innovaciones*, Madrid, CSIC, 1993, pp. 19–107. Les références sont données pp. 19–21.

7 F. Pons Boigues, *Ensayo bio-bibliográfico sobre los historiadores y geógrafos arábigo-españoles*, Madrid, Est. Tip. San Francisco de Sales, 1898, pp. 181–4 ; C. Brockelmann, *Geschichte der arabischen Litteratur*, vol. I, Leiden, Brill, 1943–9, p. 459, 2 vols.; *Supplementband*, vol. I, Leiden, Brill, 1943–9, pp. 829–30 y II, 942, 1022, 3 vols.; al-Ziriklī, *al-A'lām*, vol. VII, El Cairo, 1954–9, pp. 133–4; U. R. Kaḥḥāla, *Mu'jam al-mu'allifīn*, vol. XII, Damas, Maktabat al-Muthannā, 1967–1961, p. 96.

8 *Kitāb al-ḥawādiṯ wa-l-bida'*, ed. M. Talbi, Túnez, 1959 pp. 3–4; ed. A. M. Turki, Beirut: Dār al-garb al-islāmī, 1990, pp. 11–30.

9 Alarcón, *Lámpara de príncipes*, 2 vols., Madrid, Instituto Valencia de Don Juan, 1930–31.

pour celle de la lettre envoyée à Ibn Tāshfīn[10]). On y trouve enfin une notice de l'Encyclopédie de l'Islam[11], réalisée par Ben Cheneb, et deux articles de Lagardère[12], auquel Fierro reproche quelques erreurs dans l'appréciation des sources.

Depuis, l'intérêt pour al-Ṭurṭūshī n'a pas diminué, à l'image de la notice supplémentaire réalisée pour l'*Encyclopédie de l'Islam* par Ben Abdesselem[13], ou de Fierro qui a produit des publications ultérieures sur la figure du savant[14]. Citons aussi Fletcher, qui a appréhendé al-Ṭurṭūshī comme maître d'Ibn Tūmart,[15], ou Alexander Mallet qui l'a davantage étudié comme témoin de la première Croisade[16]. Paul Walker a montré comment al-Ṭurṭūshī, avec d'autres savants comme al-Silafī, ont pu contribuer à une renaissance sunnite dans l'Alexandrie fatimide[17]. Enfin, citons Kenneth Garden, qui vient tout juste de publier un chapitre dans un ouvrage collectif sur Ibn al-ʿArabī dans lequel il compare le rapport critique de ce dernier et d'al-Ṭurṭūshī à la pensée d'al-Ghazālī[18].

---

10 Viguera, «Las cartas de al-Gazālī y al-Ṭurṭūšī al soberano almorávid Yūsuf b. Tāšufīn», en *Al-Andalus* (Madrid-Granada), XLII (1977), pp. 341–374.

11 Ben Cheneb, «al-Ṭurṭūshī», en *Encyclopédie de l'Islam*, vol. II, Leiden, E. Brill, 1913–1934, p. 378.

12 Lagardère, «Al-Ṭurṭūshī, unificateur du malikisme aux xie et xiie siècles», en *Revue des Études Islamiques*, XLVII (1979), pp. 173–190 ; «L'unificateur du malikisme oriental et occidental à Alexandrie : Abū Bakr aṭ-Ṭurṭūshī», en *Revue de l'Occident Musulman et de la Méditerranée*, 31 (1981), pp. 47–61. D'après Fierro, ces deux articles sont un seul et même travail, qu'elle juge incomplet et manquant parfois de recul critique, ce qui pousse par exemple Lagardère, trop influencé par le *Nafḥ al-ṭīb* d'al-Maqqarī, à affirmer qu'al-Ṭurṭūshī a étudié auprès d'Ibn Ḥazm, ce qui est chronologiquement impossible. Fierro, *El libro*, p. 21, nt 34.

13 Ben Abdesselem, «al-Ṭurṭūshī», en *Encyclopédie de l'Islam*, vol. X, Leiden, Brill, 2002, pp. 739–40.

14 Fierro, «Un tortosino en Iraq», en Abu Nuwás y otros, *Iraquíes*, Málaga, Ediciones Miguel Gómez 2003, pp. 39–46 ; «Al-Ṭurṭūshī», in D. Thomas and A. Mallett (eds), *Christian-Muslim Relations: A Bibliographical History*. Volume 3 (1050–1200) (Leiden 2011), 387–96.

15 M. Fletcher, «Ibn Tūmart's Teachers. The Relationship with al-Ghazālī», in: al-Qanṭara 18 (1997), 305–30.

16 Mallett, « Two Writings of al-Ṭurṭūshī as Evidence for Early Muslim Reactions to the Frankish Crusader Presence in the Levant, *Wiener Zeitschrift für die Kunde des Morgenlandes*, 107 (2017), pp. 153–177.

17 Walker, «Fāṭimid Alexandria as an Entrepôt in the East-West Exchange of Islamic Scholarship», *al-Masāq*, 26/1 (2014), pp. 36–48.

18 Garden, «Ibn al-ʿArabī and al-Ṭurṭūshī : Are Their al-Ghazālī Critiques Related ?», in Amharar (ed.), *Abū Bakr Ibn al-ʿArabī (543/1148): Legacy and Transmission of the Thought of al-Ġazālī (505/1111) in al-Andalus*, Leyde, Brill, collection *Handbook of Oriental Studies*, 2024, pp. 90–107.

2 Le livre *al-Asrār wa-l-ʿibar*

Nous avons abordé les plus célèbres textes d'al-Ṭurṭūshī. Fierro donne une liste détaillée des trente-trois titres connus composant son œuvre[19].

Le *Kitāb al-asrār* y est le deuxième cité. Fierro nous montre que son attribution à al-Ṭurṭūshī n'a pas toujours été une évidence chez tous les chercheurs, et ce malgré la phrase d'introduction du vingt-troisième chapitre du *Sirāj al-Mulūk*, consacré à la raison, et dans lequel le savant andalou renvoie son lecteur audit livre : *qad dhakartu fī Kitāb al-Asrār ḥaqīqat al-ʿaql* (« J'ai mentionné la réalité de l'intellect dans le *Kitāb al-Asrār* »)[20]. Larcon, qui ne nie pas catégoriquement l'attribution, considère l'éventualité de lire *dhakartu* au féminin passif (*dhukirat*), et envisage qu'il s'agisse du livre *Sirr al-asrār* attribué à Aristote (c'est-à-dire le *Secretum secretorum*). Cette idée allait de pair avec celle d'al-Sayyāl, qui niait alors qu'al-Ṭurṭūshī ait pu rédiger un ouvrage concurrent au *Iḥyāʾ*[21].

Fierro propose une hypothèse supplémentaire : qu'il s'agisse du *Kitāb asrār al-Sharīʿa*, également connu sous le nom de *Kitāb al-asrār*, un traité de controverse juridique écrit par le célèbre ḥanafite al-Dabbūsī (430/1039).

On peut être surpris que la découverte d'al-Manūnī, qui remonte pourtant à 1983 et qui montre qu'al-Ṭurṭūshī a bel et bien écrit un *Kitāb al-asrār* et qu'il s'agit d'une réponse au *Iḥyāʾ*, soit longtemps passée complètement inaperçue dans la recherche académique tant occidentale qu'arabe[22]. Il faut dire que la recherche n'était à cette époque pas aussi ouverte qu'elle ne l'est aujourd'hui. Fierro, par exemple, déplore ne pas avoir eu accès à certaines publications sur al-Ṭurṭūshī. Ensuite, al-Manūnī n'a pas consacré un travail au savant andalou, mais cite sa trouvaille au détour d'un travail plus large.

En effet, en 1950, al-Manūnī publie un premier livre sur les sciences et l'art à l'époque almohade, qu'il republie une première fois en 1977, puis une seconde en 1989, cette fois-ci sous le titre *Ḥaḍārat al-Muwaḥḥidīn* (« La civilisation almohade »).

Un chapitre est consacré à la réception almoravide puis almohade du *Iḥyāʾ* d'al-Ghazālī[23]. En introduction de ce chapitre, al-Manūnī inventorie les savants maghrébins ayant rencontré Abū Ḥāmid. La liste semble incomplète : cinq noms seulement sont donnés, et celui d'al-Ṭurṭūshī est absent.

Al-Manūnī schématise cette réception maghrébine en trois positions :

19 Fierro, *El libro*, p. 54.

20 Fierro, *El libro*, p. 54.

21 Al-Sayyāl, «Abū Bakr al-Ṭurṭūshī», p. 80.

22 Garden est l'un des rares à l'avoir mentionné dans son tout récent article déjà cité.

23 Manūnī (al-), « Iḥyāʾ ʿulūm al-dīn fī manẓūr al-gharb al-islāmī ayyām al-Murābiṭīn wa l-Muwaḥḥidīn », *Ḥaḍārat al-Muwaḥḥidīn*, Casablanca, Dār Tubqāl, 1989, pp. 191–202.

https://doi.org/10.1515/9783112233887-002

1°) d'une part, un camp anti-*Iḥyāʾ* virulent, en phase avec la position du pouvoir almoravide qui ordonna son autodafé en 538/1143 ;

2°) d'autre part, un camp pro-*Iḥyāʾ*, presque autant virulent, incarné par des soufis (par la suite nommés Ghazāliyyūn), qui écrivent des apologies du texte et condamnent les anti-*Iḥyāʾ* ;

3°) entre ces deux extrêmes, est dépeinte une troisième position, qui, sans encourager l'autodafé[24], n'en critique pas moins l'*Iḥyāʾ*.

Pour al-Manūnī, al-Ṭurṭūshī est le premier à avoir eu cette dernière position. Il en veut pour preuve deux éléments. D'abord, l'historien andalou Ibn ʿUmayra al-Ḍabbī (599/1204), déclare à son sujet dans son *Bughyat al-multamis* : « *wa-lahū kitāb yuʿāriḍu bihī kitāb al-Iḥyāʾ raʾaytu minhū qiṭʿa yasīra*[25] » (« Il a un livre à travers lequel il a voulu contrecarrer l'*Iḥyāʾ*, j'en ai vu une petite partie »). Ceci invalide donc la thèse d'al-Sayyāl.

Le second élément est le plus impressionnant et le plus décisif : al-Manūnī a découvert, dans la Bibliothèque Royale de Marrakech un fragment d'un manuscrit attribué à al-Ṭurṭūshī, intitulé *al-Asrār wa-l-ʿibar*. En annexe de son article[26], il propose d'éditer les passages les plus saillants, notamment l'introduction dans laquelle al-Ṭurṭūshī justifie la rédaction d'un tel ouvrage. Ces passages ne laissent place à un aucun doute : al-Ṭurṭūshī a bien écrit un livre intitulé *al-Asrār wa-l-ʿibar* et son projet à travers celui-ci était bien de proposer un ouvrage concurrent au *Iḥyāʾ* d'al-Ghazālī. Nous proposons ici une traduction de l'introduction mentionnant des défauts reprochés au *Iḥyā* et du plan des *Asrār*, indiquant par la même occasion quelques erreurs de lectures ou coquilles dans l'édition d'al-Manūnī :

> L'élément déclencheur de l'élaboration [de mon livre][27] est que je me trouvais en terre sainte à la mosquée al-Aqṣā, quand, après la clôture de mon cours sur des questions de droit et quelques subtilités de la divergence[28], un vieillard, d'un âge tel qu'il en avait perdu ses sourcils, me prit par la main et me dit : « *Fils, Dieu, ne nous a pas ordonné de Le retrouver par la voie de Mālik, d'al-Thawrī*[29], *d'Abū Ḥanīfa ou d'al-Shāfiʿī, mais Il nous a plutôt ordonné de Le retrou-*

24 Dans sa lettre à Ibn al-Muẓaffar, al-Ṭurṭūshī craint que l'autodafé n'augmente la curiosité des lecteurs pour ce livre, ayant ainsi une réputation d'ouvrage sulfureux. Pour d'autres passages de cette lettre, voir : Dhahabī (al-), *Siyar aʿlām al-nubalāʾ*, Damas, Muʾassasat al-Risāla, 2001, XIX, p. 490.

25 Ḍabbī (al-), *Bughyat al-multamis fī tārīkh rijāl al-Andalus*, le Caire, Dār al-Kātib al-ʿarabī, 1977, p. 189.

26 « Iḥyāʾ ʿulūm al-dīn fī manẓūr al-gharb al-islāmī », pp. 200–202.

27 Dans le manuscrit : « *Wa-kān* [blanc d'environ un mot] *ʿalā jamʿihī wa-tartībih* ». Nous supposons que le mot effacé est : *al-dāʿī*. Le mot *tartībih* n'a pas été retranscrit par al-Manūnī.

28 « *Majlisan min masāʾil al-fiqh wa-daqāʾiq al-khilāfiyyāt* » non lu par al-Manūnī.

29 Et non pas al-Nawawī qui n'était pas encore né !

ver par la piété. Il a ainsi dit : ‹Nous avons recommandé aux Gens du Livre avant vous, ainsi qu'à vous-même de craindre, Dieu›. Je jure par Dieu, solennellement, mon corps s'est affaibli… ». Je me suis mis donc à écrire un livre sur la piété : sa réalité, ses catégories, est-ce qu'elle compte ou non parmi les actes du cœur ou des organes, ou des deux à la fois, etc.

Section : sache que de nombreux auteurs ont écrit à ce sujet des livres innombrables et de grands recueils classiques, parmi lesquels *Ḥilyat al-awliyāʾ* d'Abū Nuʿaym al-Aṣbahānī, *Qūt al-qulūb* d'Abū Ṭālib al-Makkī, *Dalīl al-qāṣidīn* d'Abū Bakr b. al-Samanṭārī al-Maghribī, *al-Awwaliyyāt* de Makḥūl, *al-Naṣāʾiḥ al-Kabīr* d'Abū Isḥāq al-Maghribī, *al-Riʿāya* d'al-Muḥāsibī, et enfin *Iḥyā ʿulūm al-dīn* d'Abū Ḥāmid al-Ghazālī al-Ṭūsī, qui est parmi ces ouvrages le plus érudit et celui dont les arguments sont les plus forts. Cela étant, nous en avons réprimé cinq défauts :

- Le premier est la multiplication des mensonges[30] au sujet du Messager de Dieu. Par Dieu ! le profit de 1000 recueils ne fait pas le poids[31] face à un seul mensonge sur le Messager de Dieu. Bien sûr, si Dieu veut, ladite personne n'en a pas visé un seul mot. En fait, il a rapporté des passages extraits de livres dont il n'avait aucune connaissance. Lui-même s'en est excusé en déclarant : « ma marchandise dans le *ḥadīth* est insignifiante ». Sache que celui qui voit un *ḥadīth* dans un livre dont il ignore l'authenticité n'a pas le droit d'affirmer : « Le Messager de Dieu a dit ». J'ai éclairci cette question en théorie du droit, et j'ai exposé la divergence des savants sur la façon de rapporter le *ḥadīth* et de le citer.
- Le deuxième défaut est que lorsqu'il a abordé les différentes sciences présentes dans son livre, il s'est trouvé face à la science de l'unité (*tawḥīd*). Il s'est alors mis a rapporter des paroles attribuées à des savants du troisième siècle, comme Mālik, al-Shāfiʿī, Aḥmad, déclarant qu'Untel a blâmé [cette science], qu'Untel autre l'a loué. Il y a rapporté des propos catastrophiques ; en effet, la science de l'unité et la connaissance de Dieu constituent une condition aux autres sciences de la religion, et c'est sur elle que celles-ci se construisent en totalité. Elles sont les ramifications et les résultats de cette base. L'erreur [à leur propos] peut y être plus tolérée[32] et, plus encore, celui qui s'y trompe peut se voir récompensé, alors que cette science-ci incombe à tous les membres de la communauté ; ceux qui y commettent une erreur, délibérément ou par ignorance, ne sont pas excusés. Comment donc une personne dotée d'intelligence peut se permettre de s'en prendre au pôle de la religion et la base de l'islam, et le déprécier en se référant pour cela à des on-dit ? Lorsque nous viendrons au propos sur le degré des sciences au chapitre sur la science, nous exposerons son mérite et sa grande valeur.
- Le troisième défaut est qu'il y rapporte d'abominables positions tirées des épîtres des Frères en pureté, qui sont un groupe de mystiques mécréants qui interprètent le Coran de façon incorrecte, et qui en déforment les propos.
- Le quatrième défaut est d'y avoir déclaré permis le chant et la musique.
- Le cinquième défaut est qu'il y a mentionné, dans le chapitre des nourritures, des récits indignes des livres religieux.

---

30 *Kathrat al-kadhib* n'a pas été retranscrit par al-Manūnī.

31 *Mā yaqūm naf alf dīwān.* Al-Manūnī l'a lu : *mā yaqṣid* et n'a pas été capable de lire le reste.

32 *Mawḍūʿ* non retranscrit par al-Manūnī.

> Concernant le plan du texte, celui-ci est découpé en quatre quarts : le quart des savoirs, celui des adorations, celui des transactions, et celui des états et stades[33] [spirituels], suivis enfin d'un chapitre général comportant des sections portant sur des disciplines absentes des quatre quarts cités. Le tout fait donc cent chapitres.

Pour comprendre la démarche d'al-Ṭurṭūshī, une mise en contexte de son rapport à al-Ghazālī et de son orientation doctrinale est nécessaire.

33 *Maqāmāt*, retranscrit *muqāwamāt* par al-Manūnī.

3 La filiation ashʿarite d'al-Ṭurṭūshī

Abū Bakr al-Ṭurṭūshī est un théologien ashʿarite. En vue d'une reconstitution de sa filiation à l'ashʿarisme, c'est-à-dire de pouvoir identifier ses maîtres l'ayant initié à la doctrine, il est nécessaire d'en savoir plus sur les étapes de l'apprentissage d'al-Ṭurṭūshī. Comme al-Bājī avant lui, et Ibn al-ʿArabī après lui, la formation d'Abū Bakr admet un découpage binaire intuitif : ses premières études en Occident d'une part, puis son apprentissage en Orient d'autre part.

Le maître le plus célèbre de sa période andalouse est, nous l'avons déjà dit, Abū l-Walīd al-Bājī. Celui-ci, qui avait été formé à Cordoue auprès des maîtres ashʿarites de « l'école de Kairouan »[34], était parti en Orient en 426/1035. Durant treize ans, al-Bājī étudie auprès des grandes références de l'époque dans des disciplines telles que les *uṣūl al-fiqh*, le *ḥadīth*, mais aussi l'ashʿarisme. Il part en particulier à la rencontre de disciples d'al-Bāqillānī, comme Abū Dharr al-Harawī (434/1043) célèbre pour sa transmission du *Ṣaḥīḥ* d'al-Bukhārī et considéré comme l'un des premiers transmetteurs de l'ashʿarisme aux pèlerins à la Mecque, même si al-Bājī est surtout connu comme le disciple d'Abū Isḥāq al-Shīrāzī (476/1083), juriste shāfiʿite et théoricien du droit. Enfin, al-Bājī est connu pour avoir introduit en al-Andalus le traité de théorie légale *al-Taqrīb wa-l-irshād* d'al-Bāqillānī.

De retour au pays, al-Bājī s'établit finalement à Saragosse, où il partage son temps entre l'écriture de ses livres[35]et l'enseignement. On ne sait précisément tout ce qu'a étudié al-Ṭurṭūshī auprès d'al-Bājī. Al-Ḍabbī nous dit sommairement qu'il en a été le disciple une certaine période. On peut supposer qu'il a étudié auprès d'al-Bājī les disciplines qui l'ont rendu célèbres : le *fiqh* mālikite, le *ḥadīth*, la théorie légale (*uṣūl al-fiqh*), le *disputatio* (*jadal*), et la controverse juridique (*khilāf*). Pour cette dernière discipline, al-Dhahabī l'affirme[36]. On sait qu'il a étudié auprès de lui son livre *Siyar al-ṣāliḥīn wa-sunan al-ʿābidīn*, un recueil d'invocations et d'exhortations et qu'il a reçu une licence générale de transmission de la part d'al-Bājī[37]. Il n'est pas exclu qu'il ait également étudié le *kalām* ashʿarite auprès de lui. Une information rapportée par al-Ḍabbī[38] nous interpelle cependant : Ibn al-ʿArabī rapporte d'al-Ṭurṭūshī que celui-ci a reconnu qu'à son arrivée à Bagdad, lors d'un cours

34 Il s'agit en partie des disciples de Makkī b. Abī Ṭālib (437/1045) exilé kairouanais lui-même disciple d'al-Qābisī. Sur l'ashʿarisme de ce dernier, voir : Amharar, « De Bagdad à Séville : étude d'une généalogie du *kalām*, d'al-Ashʿarī à Abū Bakr Ibn al-ʿArabī », *Abū Bakr Ibn al-ʿArabī (543/1148) : Legacy and Transmission of the Thought of al-Ġazālī (505/1111) in al-Andalus*, Leyde, Brill, 2024, 55.

35 Fierro, *El libro*, p. 28.

36 *Siyar aʿlām al-nubalāʾ*, XIX, p. 490.

37 Fierro, *El libro*, p. 28.

38 Al-Ḍabbī, *Bughyat al-multamis*, p. 135.

https://doi.org/10.1515/9783112233887-003

d'*uṣūl al-fiqh* à la Madrasa ʿĀdiliyya, celui-ci n'en comprenait traitre mot, avant de recevoir ce qu'il qualifie d'illumination divine dans cette science. Cette anecdote nous fait nous interroger sur l'ampleur de sa formation en al-Andalus, bien qu'on garde à l'esprit qu'elle n'est pas incompatible avec le fait qu'il ait pu étudier préalablement cette discipline tout en ayant un niveau encore insuffisant. Il n'empêche qu'il n'est pas fantaisiste de supposer qu'al-Ṭurṭūshī a reçu une formation en ashʿarisme, même rudimentaire, avant son voyage en Orient, daté à l'an 476/1083.

Fierro a reconstitué les principales étapes de la *riḥla* d'al-Ṭurṭūshī[39] : il est passé par Alexandrie et Antioche, avant d'arriver en Iraq, où il étudia, de 477/1084 à 480/1087, notamment à Bagdad, Bassorah et Wāsiṭ. Il effectue le pèlerinage en 481/1087 et s'installe au Shām de 481/1087 à 490/1096, résidant à Damas puis Jérusalem. Il s'installe finalement à Alexandrie en 490, et y décède.

Dans notre travail sur Ibn al-ʿArabī[40], nous avons vu que lorsqu'il rencontre al-Ṭurṭūshī à Jérusalem, fin 485/1092, ce dernier est déjà un savant confirmé. La période irakienne (477–480) semble donc avoir été la plus déterminante dans la formation orientale d'al-Ṭurṭūshī.

L'extrait d'al-Ḍabbī plus haut laisse croire que la première école fréquentée par al-Ṭurṭūshī était la Madrasa ʿĀdiliyya, que n'a pas pu identifier Fierro[41].

En tout état de cause, il apparaît qu'al-Ṭurṭūshī a majoritairement suivi son enseignement à la Niẓāmiyya de Bagdad, construite dix-huit ans plus tôt[42], sinon auprès des enseignants de cette école.

Notons que quand al-Ṭurṭūshī rejoint la Niẓāmiyya, al-Ghazālī est certes déjà célèbre à Nishapur[43], où son maître al-Juwaynī sent qu'il va lui faire de l'ombre[44], mais n'est pas encore affilié à la Niẓāmiyya de Bagdad ; il n'a donc pas encore la notoriété qu'il aura *a posteriori*, et n'a pas encore mené une étude approfondie de la *falsafa*.

---

39 Fierro, *El libro*, p. 33.

40 Amharar, *Langage et théologie chez Abū Bakr Ibn al-ʿArabī*, New Jersey, Gorgias Press, 2023, pp. xxi-xxii.

41 Fierro, *El libro*, p. 36.

42 Le chantier fut lancé en 457 et s'acheva en 459.

43 Bouyges divise la vie d'al-Ghazālī en cinq parties : 1°) avant la mort d'al-Juwaynī (avant 478/1085–6) ; 2 °) la première période d'enseignement chez Niẓām al-Mulk et la *Niẓāmiyya* de Bagdad (484–488/1091–1095) ; 3 °) une période de retraite (488–499/1095–1106) ; 4 °) la seconde période d'enseignement (499–503/1106–1109) ; 5 °) Dernières années (503–505/1109–1111). Voir : Bouyges, *Essai de chronologie des oeuvres de al-Ġazālī (Algazel)*, Beyrouth, Imprimerie Catholique, 1959, p. 6.

44 Face au succès du *Mankhūl*, al-Juwaynī aurait dit à al-Ghazālī qu'il l'a enterré vivant. *Langage et théologie*, p. xxx.

On peut s'interroger sur les maîtres de la Niẓāmiyya auprès desquels al-Ṭurṭūshī a étudié l'ash'arisme. Dans la liste proposée par Fierro, deux noms ont retenu notre attention :

- Abū Sa'd al-Mutawallī (426/1033 – 478/1085). Natif de Nishapur, il prend la succession d'al-Shīrāzī à la tête de la Niẓāmiyya de Bagdad. Fierro ne le relève pas ici, mais al-Mutawallī est un théologien ash'arite. Il est l'auteur d'un traité, *al-Mughnī,* dont le manuscrit *unicum* (Ms. Maktaba Baladiyya Alexandrie 2014d) a été découvert par Marie Bernand en 1982[45] et édité en 1986[46]. Dans sa méthodologie et son plan (mais pas dans son volume, car il est plus court), le traité d'al-Mutawallī n'est pas sans rappeler le *Kitāb al-Irshād* d'un ash'arite contemporain beaucoup plus célèbre : Imām al-Ḥaramayn al-Juwaynī. Les Mu'tazila sont les premiers adversaires visés dans le *Mughnī,* puis, en second lieu, les Bāṭinites, les Imamites, les Karrāmites et les Khawārij. Al-Ṭurṭūshī, qui l'a rencontré un an avant sa mort, a tout à fait pu étudier ce texte auprès de lui.
- Abū Bakr Muḥammad b. Aḥmad al-Qaffāl al-Shāshī (428/1037–507/1113), juriste et théoricien du droit shāfi'ite. On n'a aucune information sur une potentielle activité en tant que théologien ash'arite. On sait qu'il était le disciple d'Abū Isḥāq al-Shirāzī. Il semblerait qu'al-Qaffāl ait un succès particulier auprès des savants maghrébins et andalous[47]. Compte tenu du fait qu'on ne lui connaisse pas un traité en *kalām* ou en *uṣūl,* on peut supposer que la raison de cet engouement est qu'il était disciple d'Abū Isḥāq, (soit le maître d'al-Bājī), et donc un transmetteur de son œuvre, en *uṣūl* et *jadal,* mais peut être également en ash'arisme.

Les informations sur les inspirations ash'arites du savant andalou sont donc assez minces. Naturellement, étudier la filiation ash'arite d'al-Ṭurṭūshī nous fait nous poser la question : a-t-il étudié auprès de l'un des plus célèbres théologiens de cette période, à savoir al-Juwaynī, déjà cité ? Pour rappel, al-Juwaynī et al-Shīrāzī semblent à leur époque deux figures « concurrentes »[48] : ils sont tous deux des

---

45 Bernand, « Manuscrits inédits d'*uṣūl al-dīn* et d'*uṣūl al-fiqh* », *Arabica,* 29/2 (1982), pp. 215–220.

46 Bernand, *Le Muġnī d'al-Mutawallī (m. 478/1085). Edité et présenté par Marie Bernand,* Le Caire, Institut Français d'Archéologie Orientale du Caire, 1986.

47 Parmi eux, les chroniqueurs plus ou moins tardifs, d'Ibn Bashkuwāl à al-Dhahabī, nous signalent qu'un certain natif de Shativa, 'Abbād b. Sarḥān a étudié auprès de lui le traité d'Abū Isḥāq *al-Mulakhkhaṣ fī l-jadal,* de même qu'al-Ṭurṭūshī, qui lui a en plus présenté le fils d'al-Bājī. Muḥammad b. 'Abd Allāh al-Qurṭubī l'a fréquenté dans les derniers moments précédant sa mort. Enfin, al-Qaffāl était également le maître d'Ibn Tūmart. Voir : *Siyar,* XIX, p. 539.

48 Un chroniqueur shāfi'ite tardif comme al-Subkī (771/1370) rapporte d'ailleurs à ce sujet deux débats les ayant opposés. Voir: Siddiqui, « *Jadal* and *Qiyās* in the Fifth/Eleventh Century: Two debates between al-Juwaynī and al-Shīrāzī», *Journal of the American Oriental Society,* n°4 (2019), pp. 923–944.

juristes shāfiʿites, des théoriciens du droit et des théologiens ashʿarites. La célébrité de chacun des deux et leur réputation auprès des autorité est telle que Niẓām al-Mulk les nomme en personne enseignant principal d'une école : la Niẓāmiyya de Bagdad pour al-Shirāzī et celle de Nishapur pour al-Juwaynī.

Rappelons enfin que les écoles Niẓāmiyya forment à cette époque un véritable réseau, avec des « antennes » dans les grandes villes d'Irak et de Transoxiane (Bagdad, Mossoul, Bassorah, Marw, Ispahan, Nishapur, Hérat, Balkh). Ce réseau ainsi tissé permettait un mouvement d'enseignants, voire des promotions[49], d'une Niẓāmiyya à une autre, avec un flux particulier entre Nishapur et Bagdad. En effet, plusieurs savants qui opéraient comme répétiteurs des cours d'al-Juwaynī à Nishapur, ont pu être « mutés » et promus enseignants à celle de Bagdad, à l'image d'al-Ghazālī. Rien n'empêche donc qu'al-Ṭurṭūshī ait pu rencontrer al-Juwaynī dans la dernière année de sa vie, dans le cadre d'un échange d'enseignants entre Bagdad et Nishapur. Il était en tout cas très certainement en contact avec plusieurs disciples d'al-Juwaynī, sinon le plus célèbre d'entre eux : Abū Ḥāmid al-Ghazālī.

---

49 Dans la hiérarchie, on trouve au plus haut l'enseignant « vedette », pour qui, dans l'exemple d'al-Shīrāzī, l'école elle-même a été construite. L'enseignant dispose de deux suppléants (*nā'ib*) et plusieurs répétiteurs (*muʿīd*). Un *muʿīd* pouvait gravir les échelons et devenir enseignant visiteur voire enseignant principal. Pour une étude sur la Niẓāmiyya, voir : Makdisi, « Muslim Institutions of Learning in Eleventh-century Baghdad », *Bulletin of the School of Oriental and African Studies*, n° 24 (1961), pp. 1–56.

4 La rencontre avec al-Ghazālī

Al-Ṭurṭūshī a quitté la Niẓāmiyya vers 481/1088, soit trois ans avant la nomination d'al-Ghazālī en tant qu'enseignant « vedette » de ladite école. Cependant, compte tenu des mouvements d'enseignants et d'étudiants entre les deux Niẓāmiyya de Bagdad et Nishapur, on peut imaginer qu'al-Ṭurṭūshī avait déjà entendu parler d'Abū Ḥāmid avant de quitter l'école. Il a ainsi pu assister, aux premières loges, à l'évolution de la notoriété d'al-Ghazālī.

Bien qu'on ne puisse précisément la dater (on la situe aux alentours de l'an 489/1096), la rencontre entre al-Ṭurṭūshī et al-Ghazālī a lieu a une période décisive de la vie de chacun des deux : le premier vit ses derniers jours au Shām avant de s'installer définitivement à Alexandrie où il aura un autre statut, et le second vit les derniers jours d'une crise spirituelle qui a déjà duré au moins un an, qui l'a fait quitter son poste d'enseignant à la Niẓāmiyya et fait émigrer en ermite au Shām où il a pu rédiger son *Iḥyā'*.

On peut voir quelques similitudes dans la trajectoire des deux figures. Les deux quittent la Niẓāmiyya, accomplissent un pèlerinage, puis, dans le contexte d'une crise spirituelle, prennent le Shām comme lieu de retraite. Les deux ont même pu se retrouver à Alexandrie ! Si l'on en croit Ibn Khallikān[50], al-Ghazālī y résida un temps, après son séjour à Jérusalem et avant son retour à Ṭūs.

Existait-il une rivalité entre les deux ? Rien ne le prouve rigoureusement. Que ce soit dans les *Asrār* ou dans sa lettre sur l'*Iḥyā* qu'il écrit à Ibn Muẓaffar, al-Ṭurṭūshī est élogieux à l'égard d'al-Ghazālī, et, dans une certaine mesure, de son *Iḥyā'* : comme déjà souligné dans ses *Asrār*, il estime que dans le genre, le texte d'Abū Ḥāmid est le plus érudit. Cependant, pour lui, les cinq défauts majeurs du texte, cités plus haut, font que ce livre mériterait d'être intitulé *Imātat 'ulūm al-dīn* (« La mortification des sciences de la religion »)[51].

Ces cinq reproches faits au *Iḥyā* peuvent être en réalité ramenés à deux principaux. D'une part, que le livre contienne de nombreuses informations erronées (en première ligne, plusieurs *ḥadīth-s* mensongers, mais également des propos tenus par des groupes non sunnites ou encore des récits non authentifiés). D'autre part, et c'est ce qui nous intéresse ici, c'est d'avoir pris position contre le *kalām*.

Du rapport complexe d'al-Ghazālī au *kalām*, disons ici deux mots[52]. Abū Ḥāmid a eu avec la discipline une relation qui peut être vue comme ambivalente. Il l'a étudié

50 Ibn Khallikān, *Wafayāt al-a'yān*, éd. Iḥsān 'Abbās, 1971, Beyrouth, Dār al-Ṣādir, IV, p. 217.

51 Dhahabī (al-), *Siyar a'lām*, XIX, p. 490.

52 Sur toute la question, voir : Fouda, *Mawqif al-Imām al-Ghazālī min 'ilm al-kalām*, Amman, Dār al-Fatḥ, 2009. Pour une synthèse, voir : pp. 75–77.

https://doi.org/10.1515/9783112233887-004

en profondeur, l'a enseigné, et en a même transmis des traités célèbres[53], mais il en est progressivement venu à en critiquer les limites, notamment dans son *Iḥyā' 'ulūm al-dīn* et d'autres œuvres. Dans son *Munqidh min al-ḍalāl*[54], il relate son propre cheminement intellectuel et explique qu'il a initialement considéré le *kalām* comme une discipline utile pour réfuter les hérésies, mais qu'il en a perçu les insuffisances, pointant par exemple que cette science repose sur des démonstrations rationnelles qui ne sont pas accessibles à tous, qu'elle produit des querelles interminables entre écoles, chacune se revendiquant détentrice de la vérité absolue. Dans son *Iḥyā'*, sa position a une coloration plus spirituelle : sans nier l'utilité du *kalām* dans l'absolu, il refuse d'y voir la solution à tous les problèmes de foi. D'après lui, le *kalām* est insuffisant pour purifier le cœur : il explique que le véritable chemin vers Dieu ne passe pas par la spéculation intellectuelle, mais par une transformation intérieure. L'ascèse, la prière, la méditation et la pratique spirituelle permettent d'atteindre une connaissance plus profonde de Dieu que les raisonnements abstraits. Tout en reconnaissant qu'il est un outil défensif nécessaire contre des doctrines qu'il qualifie de « déviantes » ou « hérétiques », al-Ghazālī craint que les débats théologiques qu'il entraîne ne sèment le doute dans l'esprit des croyants ordinaires.

Ainsi, sans nier en bloc l'utilité du *kalām*, al-Ghazālī en relativise l'importance : il le compare à un remède qui doit être administré à ceux qui en ont besoin selon un dosage précis. Al-Ghazālī n'est donc pas un opposant radical au *kalām*, mais il en souligne les limites avec un regard sceptique et pragmatique. Son œuvre marque ainsi un tournant vers une vision plus mystique et existentielle de la foi, où la raison ne suffit pas à atteindre toute forme de certitude, et où l'expérience intérieure devient la clé du salut.

Pour saisir pleinement la critique fait par al-Ṭurṭūshī, il faut nécessairement la mettre en relation avec son contexte, en particulier celui de son installation à Alexandrie vers l'an 490/1097. La ville est encore sous contrôle du pouvoir fatimide, qui s'est au fil des années fragilisé par de multiples crises : la mort du souverain al-Mustanṣir en 487/1094 a donné lieu à une guerre de succession, déchirant la dynastie chiite entre, d'une part, les Nizarites, estimant que Nizār, le fils ainé d'al-Mustanṣir était légitime au trône et, d'autre part, les Musta'liyya, qui lui préféraient son cadet Aḥmad al-Musta'lī. Les Seldjoukides, pro-sunnites, leur ont pris le Shām. La persécution que va connaître le milieu savant sunnite d'Alexandrie est à mettre en relation avec ces tensions. On n'en sait encore que très peu, mais al-Ḍabbī nous a gardé cette donnée : sur ordre du souverain 'ubaydite, un grand nombre

53 Il a par exemple transmis à Ibn al-'Arabī la *Risāla Niẓāmiyya* d'al-Juwaynī.

54 Fouda, *Ta'ammulāt kalāmiyya fī kitāb al-Munqidh min al-ḍalāl*, Amman, Dār al-Fatḥ, 2009, pp. 269-277.

de juristes d'Alexandrie sont assassinés[55]. La perte est telle que, toujours d'après al-Ḍabbī, il ne restait plus un seul savant notable dans la ville, ce qui poussa le juge Ibn Ḥadīda à convaincre al-Ṭurṭūshī, encore à Rashīd au moment des faits, de s'installer à Alexandrie, lui signifiant combien les habitants avaient besoin de son enseignement. L'installation d'al-Ṭurṭūshī à Alexandrie s'est donc faite dans le cadre d'un projet de « renaissance sunnite », consistant à reformer dans la ville l'élite savante qui avait été décimée les Fatimides.

C'est en tout cas ainsi que l'on lit la notice d'al-Ḍabbī, qui est malheureusement la seule à évoquer la tuerie des juristes. Cette lecture va cependant de pair avec d'autres éléments, comme la façon dont justifie al-Ṭurṭūshī le fait de ne plus revenir en al-Andalus mais de s'installer définitivement à Alexandrie, avançant que sa présence y est encore nécessaire, mais aussi quelques données chiffrées retenues a posteriori : al-Dhahabī signale qu'al-Ṭurṭūshī a personnellement formé 200 savants muftis. Cette « renaissance sunnite », dont al-Ṭurṭūshī paraît avoir été l'un des acteurs, s'est appuyé sur un enseignement poussé, mais aussi une production écrite orientée, afin de former une nouvelle génération de savants aux sciences islamiques, et en priorité la théologie ashʿarite.

Pour al-Ṭurṭūshī, tout était à refaire. Considérant que l'accès au paradis était conditionné par la connaissance de la Loi de Dieu, et ce, afin de l'appliquer, et que celle-ci était à son tour conditionnée par la connaissance de Dieu Lui-même, le sujet qu'al-Ṭurṭūshī jugea primordial fut bien sûr la croyance en l'unicité (*tawḥīd*), considérée comme condition d'acceptation des bons actes. Il s'agissait donc de dispenser ce qui représentait à ses yeux la bonne croyance (c'est-à-dire l'ashʿarisme), tout en alertant sur les doctrines qualifiées d'égarements. Cette priorité accordée à la croyance, on la trouve jusque dans son miroir aux princes, *Sirāj al-Mulūk*, où l'introduction est un prétexte pour incorporer une véritable profession de foi à inculquer aux souverains[56].

Pour remplir sa double mission (défendre la croyance sunnite et réfuter toute autre doctrine), le *kalām* était donc une discipline tout indiquée, à laquelle il fallait initier ses étudiants, toujours en vue de ce projet d'envergure de former une génération de savants sunnites.

C'est ici un point de désaccord avec al-Ghazālī, qui, dès son *Iḥyā'*, indique clairement ne pas être favorable à démocratiser cette discipline, qui n'est pas accessible à tout le monde d'une part, et dont la mauvaise compréhension ne peut mener qu'à davantage de dissensions entre les musulmans. Pour al-Ṭurṭūshī, dans son contexte

55 Ḍabbī (al-), *Bughyat al-multamis*, p. 136.

56 D'ailleurs, sa ressemblance avec la *Murshida* d'Ibn Tūmart nous fait nous demander si la première n'a pas servi de modèle à la seconde.

de reconstruction sunnite face à la menace famitide, il s'agit d'un savoir d'utilité publique, nécessaire à l'émergence d'une génération de savants éclairés, et surtout indispensable pour réfuter les doctrines jugées hétérodoxes. La position d'al-Ghazālī, compte tenu de son influence, est donc jugée dangereuse par al-Ṭurṭūshī. D'ailleurs, si l'on revient à l'introduction des *Asrār*, on remarque que l'auteur n'utilise jamais le terme de *ʿilm al-kalām*, mais plutôt celui de *ʿilm al-tawḥīd*, comme pour dire que c'est la croyance en l'unicité qui se trouve menacée par le discours d'al-Ghazālī.

Pour prouver qu'al-Ghazālī a tort donc, al-Ṭurṭūshī convoque al-Ashʿarī à l'intérieur de son *Kitāb al-asrār*, et cite intégralement son épître d'apologie du *kalām* comme argument d'autorité. Directement après le traité, Abū Bakr propose une réactualisation des enjeux discutés dans le texte d'al-Ashʿarī, avec un ensemble d'annotations et de remarques qui peuvent être considérés comme un petit commentaire de ce traité.

5 Rappels sur le *Kitāb al-Ḥathth ʿalā l-baḥth* d'al-Ashʿarī : contenu et transmission

L'épître d'al-Ashʿarī est, comme son titre l'annonce, une incitation à l'investigation, en l'occurrence celle permettant de prouver rationnellement l'existence de Dieu et de Ses attributs. C'est donc une défense de la pratique de la théologie spéculative, une apologie du *kalām*.

Par ce texte, al-Ashʿarī répond à al-Barbahārī (329/941), un ḥanbalite notoire parmi ses contemporains, qui aurait pointé la pratique d'Abū l-Ḥasan du *kalām* comme l'un des arguments prouvant son hétérodoxie[57].

Si al-Ashʿarī ne nomme pas ses adversaires (il les qualifie sommairement d'ignorants), il inaugure cependant l'épître par une restitution de leur argumentation, que l'on retrouvera au fil des siècles (jusqu'aujourd'hui) dans les discours rigoristes sur la *bidʿa*, et qui consiste à dire que si la pratique du *kalām* était méritoire, ou d'une quelconque nécessité, alors le Prophète l'aurait pratiqué, de même que ses Compagnons. Or, rien de cela n'a été rapporté à leur sujet ; cette pratique est donc une *bidʿa* interdite menant à l'égarement. La réfutation d'al-Ashʿarī s'articule autour de trois réponses.

La première, immédiate, peut être qualifiée de dialectique, en ce qu'elle ne discute pas le fond du problème mais reprend le raisonnement de son adversaire pour le retourner contre lui. Si l'absence d'évocation d'un sujet est en soi un argument en faveur de son interdiction, alors le Prophète n'a pas non plus évoqué de façon explicite que le praticien du *kalām* était innovateur. Dès lors, celui qui qualifie la pratique du *kalām* de *bidʿa* interdite serait alors à son tour un innovateur !

La deuxième réponse consiste à légitimer textuellement le *kalām* en trouvant dans le Coran et la Tradition ce qui s'apparente aux types d'argumentation rationnelle caractéristiques du *kalām*.

La troisième et dernière réponse fait écho à la première et vient rappeler que le simple fait qu'une discipline soit apparue postérieurement au temps de la révélation du Coran et de la Sunna ne constitue pas *per se* une preuve suffisante pour en interdire la pratique. Abū l-Ḥasan illustre ceci en deux temps : d'une part, en rappelant la divergence juridique des Compagnons sur des questions qui n'ont pas été tranchées du vivant du Prophète. D'autre part, parce que le *kalām* se veut une discipline de la réaction : celle-ci ne s'est développée qu'en réponse à des doctrines qui ne sont, elles, apparues, qu'après la mort du Prophète, comme la question du statut du Coran (créé ou incréé). Or, d'après ces sceptiques, comment prendre position

57 Frank, « Al-Ashʿarī's *Kitāb al-Ḥathth ʿalā l-Baḥth* », *MIDEO*, 18 (1988), p. 100.

https://doi.org/10.1515/9783112233887-005

sachant qu'il n'a pas été rapporté que le Prophète ait opté pour l'un ou l'autre des deux camps (vu que la question n'est apparue qu'après sa mort) ? L'issue prévisible pour eux serait alors de répondre par l'abstention, or le Prophète n'a pas dit : « si cette question se pose alors abstenez-vous d'y répondre ». Si al-Ashʿarī s'attache à cet exemple, c'est qu'il lui permet de mettre ses adversaires ḥanbalites dans l'embarras ; comme il s'agit d'une question sur laquelle Aḥmad b. Ḥanbal s'est exprimé, interdire une simple prise de position dans un débat de *kalām* sous le prétexte que cette pratique n'existait pas à l'époque du Prophète implique de qualifier leur guide d'innovateur égaré.

On doit les premières publications de l'épître d'al-Ashʿarī au Osmania Oriental Publications Bureau. Plus connu sous son nom arabe *Dāʾirat al-maʿārif al-ʿUthmāniyya*, cet institut, basé à Hyderabad Deccan, fut fondé en 1888, avec pour mission principale d'acquérir, éditer, traduire et publier des manuscrits rares de l'héritage musulman[58]. Ils publient le texte à trois reprises : une première fois en 1905 (c'est alors une première mondiale), puis en 1926, et enfin en 1979, à chaque fois sous le titre de *Risālat Istiḥsān al-khawḍ fī ʿilm al-kalām*. L'édition n'est pas critique ; le ou les manuscrits utilisés ne sont pas cités.

On doit la première traduction (partielle) du texte en langue occidentale, en l'occurrence l'allemand, à Max Horten, en 1912[59].

En 1953, Richard McCarthy reproduit l'édition de 1905 (pp. 87–97) qu'il ne retouche que très légèrement (numérotation des paragraphes, une seule émendation), et, surtout, qu'il traduit en anglais[60], toujours sous le même titre.

En 1962 et 1963, Georges Makdisi écrit deux articles sur la place d'al-Ashʿarī et les Ashʿarites dans l'histoire de la pensée musulmane. Les premières pages du second article[61] sont consacrées au traité. Makdisi émet alors des doutes quant à son attribution à al-Ashʿarī[62],

Il faut attendre 1988, avec Richard MacDonaugh Frank, pour avoir la première véritable édition critique du texte, qui s'appuie, en plus de cette deuxième édition d'Hyderabad (qu'il nomme H) sur trois manuscrits : le Ms III Ahmet 1916 (nommé A), Ms Landberg 1030 (nommé B), Ms Feyzullah 2161/2 (nommé F). Une introduction

58 Ici, Osman est une référence à Mir Osman Ali Khan, un des gouverneurs d'Hyderabad. Voir: www.osmania.ac.in

59 Horten, *Die philosophischen systeme der spekulativen theologen im Islam*, Bonn, F. Cohen, 1912, pp. 623–626.

60 McCarthy, *The Theology of al-Ashʿarī*, Beyrouth, Imprimerie Catholique, 1953, pp. 119–134.

61 Makdisi, «Ashʿarī and the Ashʿarites in Islamic Religious History II», *Studia Islamica*, 18 (1963), pp. 19–39.

62 Makdisi, «Ashʿarī and the Ashʿarites», pp. 23–24.

détaillée permet d'en savoir plus sur le texte, à commencer par son véritable titre : *Kitāb al-ḥathth ʿalā l-baʿth.*

La découverte d'A permet à Frank de montrer que le titre donné dans l'édition d'Hyderabad est faux : c'est certes le seul des trois manuscrits qui porte le titre de *Kitāb al-ḥathth ʿalā l-baʿth,* mais il se trouve que c'est celui-ci, et non *Istiḥsān al-khawḍ fī ʿilm al-kalām,* que l'on retrouve dans la liste des ouvrages d'al-Ashʿarī dressée par Ibn ʿAsākir et dans celle d'Ibn Farḥūn. L'entrée du catalogue contenant le manuscrit F indique bien un titre : « *Risāla fī l-radd ʿalā man ẓanna anna l-ishtighāl bil-kalām bidʿa* ». Cependant, comme le remarque Frank, ce titre n'apparait nulle part dans le texte.

Il semblerait que la découverte de Frank soit, dans un premier temps, complètement passée inaperçue dans les milieux musulmans. Muḥammad al-Walī propose une énième réédition de la version d'Hyderabad qui parait au Liban en 1994 chez Dār al-Mashārīʿ. Rustum Mahdī en propose une traduction en azéri en 2014[63]. En 2018, Samīr al-Qāḍī repropose, toujours pour le compte de Dār al-Mashārīʿ une édition du texte, cette fois-ci à partir des manuscrits B et F et accompagne l'édition d'un commentaire. Malheureusement, le texte est dépourvu d'apparat critique. Dans les trois cas, le texte est publié sous le titre *Istiḥsān al-khawḍ fī ʿilm al-kalām.*

Dans la perspective de reconstituer l'histoire de la transmission du texte, les observations de Frank lui permettent de diviser ce corpus, selon des traits communs liant une copie à une autre, en deux blocs T-1 (incluant A uniquement) et T-2 (BFH).

T-1 est uniquement représenté par A, qui ne contient aucune chaîne de transmission et qui est, globalement, plus court que les autres versions. Deux copies du T-2 (F et H) présentent une chaîne sensiblement identique (à l'exception des deux maillons les plus tardifs sont manquants en H). Dans la liste des 10 transmetteurs de F, on remarque que les deux derniers, ayant vécu au VI/XIIème et VII/XIIIème siècle en Egypte, sont mālikites. On remarque aussi que plusieurs transmetteurs ou copistes portent le qualificatif de *Muqrī'* (récitateur).

Au terme d'une analyse poussée, Frank arrive à l'hypothèse que T-2 semble représenter une version qui pourrait tout à fait être celle d'Abū l-Ḥasan Mahdī al-Ṭabarī, et pourrait être le fruit d'une rédaction postérieure à T-1, voire la réécriture de celle-ci.

Notons que le manuscrit A, seul représentant de T-1, est en fait un extrait d'*al-Ghunya fī l-kalām,* un traité de *kalām,* écrit par Abū l-Qāsim al-Anṣārī, un disciple d'al-Juwaynī, dans lequel son auteur cite intégralement l'épître d'al-Ashʿarī.

63 Nous n'avons malheureusement pas pu y avoir accès. Rustum Mahdi a néanmoins traduit l'introduction de sa traduction vers l'arabe. La traduction est disponible en libre accès sur le compte Academia de Mehdi Rustam.

Compte tenu de tout ceci, Frank suppose que A dérive, par un intermédiaire ou non, d'une copie ayant appartenu à al-Juwaynī, ce qui permettrait de penser que cette copie ait été transmise par une succession de célèbres figures ashʿarites[64].

64 Frank, p. 98.

6 Ce qu'apporte la recension d'al-Ṭurṭūshī à l'édition de Frank

Nous l'avons dit, Frank a eu le mérite d'avoir proposé la première véritable édition critique complète du texte, et non une simple reproduction de la version d'Hyderabad.

Pour comprendre l'apport de notre nouvelle édition, il est pertinent de rappeler que celle de Frank, véritable référence qui a longtemps servi de base à de nombreuses publications, souffre malgré tout de quelques insuffisances, qui ne remettent cependant pas en question la valeur de ce travail ni son aspect pionnier.

D'abord, l'édition de Frank est totalement dépourvue d'apparat savant : si les numéros de versets et sourates figurent sommairement dans le corps du texte, les *ḥadīth-s* ne sont jamais référencés, et aucune indication biographique en bas de page n'est faite concernant les savants cités. Plusieurs cas juridiques techniques classiques (comme le cas dit *ḥabluk ʿalā ghāribik*) sont cités par al-Ashʿarī mais aucun n'est défini par l'éditeur, alors qu'ils méritent d'être explicités au lecteur, afin qu'il s'en fasse une idée, même globale.

Ensuite, on peut regretter de nombreuses coquilles. Si certaines sont certainement le fait de l'imprimeur, d'autres relèvent plus d'une lecture erronée, sinon plongent le lecteur dans doute : l'erreur est-elle de l'éditeur ou du copiste ? Il est préférable, comme il est généralement l'usage dans ce cas, de mettre un *kadhā* après le mot aberrant, afin de dissiper toute ambiguïté, ce que l'éditeur ne fait jamais. Malheureusement, d'autres signes engagent plus clairement la responsabilité de l'éditeur, comme des marques de ponctuation confuses dans le corps du texte ou encore les remarques de l'auteur en bas de page. La distinction entre *hamzat waṣl* et *qaṭʿ* est également confuse.

Voici une sélection de quelques coquilles dans le tableau ci-contre :

Référence dans le texte de Frank (page, paragraphe/note)	Erreur	Correction	Commentaire
135 (1. 12)	الباى	البارى	Oubli d'une lettre
135, nt 1	أنظر	انظر	Mauvais usage de la *hamzat qaṭʿ*
137 (2. 211)	إجتماع	اجتماع	Mauvais usage de la *hamzat qaṭʿ*
137 (2. 211)	إفتراق	افتراق	Mauvais usage de la *hamzat qaṭʿ*
137 (2. 211)	إنتقال	انتقال	Mauvais usage de la *hamzat qaṭʿ*

https://doi.org/10.1515/9783112233887-006

Référence dans le texte de Frank (page, paragraphe/ note)	Erreur	Correction	Commentaire
137, nt 47	ابن القاسم الأنصاري	أبو القاسم الأنصاري	Erreur de l'éditeur
137, nt 47	الأفلين	الآفلين	Mauvaise position de la *hamza*
142 (2. 221)	الظبياء	الظباء	*Yā* en trop
144	لأتينا كل نفس هداتها	لآتينا كل نفس هداها	Mauvaise position de la *hamza* et ajout d'un *tā* à *hudāhā*
144	مع كراهتهم له؛ فيكون	مع كراهتهم له فيكون	Point-virgule tronquant la phrase
149 (2.3211)	فيلوم	فيلزم	Faute de frappe ? De l'éditeur ? Du copiste ?
150 (2.322)	شعبان	شبعان	Inversion du *bā* et de la *yā*

Au-delà des remarques sur la forme, Frank aurait gagné à s'attarder sur des points malheureusement absents dans son travail.

Nous l'avons dit, la copie A est un extrait d'un traité écrit par Abū l-Qāsim al-Anṣārī. Bien que cette copie ne présente aucun certificat d'audition ni chaîne de rapporteurs, Frank part du principe qu'étant le disciple d'al-Juwaynī, la copie d'Abū l-Qāsim a fait l'objet d'une transmission via les plus grands maîtres ashʿarites.

Il est nécessaire de rappeler ici quelques éléments sur Abū l-Qāsim al-Anṣārī qui semblent avoir échappé à Frank alors qu'ils sont de première importance dans notre étude de la transmission du *Ḥathth ʿalā l-baḥth.*

On ne sait pas exactement à quelle date Abū l-Qāsim voit le jour, à Arghiyān, non loin de Nishapur. On sait qu'il était décrit comme étant un soufi. S'il a certes étudié auprès de plusieurs savants du Khurāsān (parmi lesquels ʿAbd al-Ghāfir al-Fārisī (m. 448/1056)), il semble que son influence principale ait été le théologien ashʿarite et le maître spirituel Abū l-Qāsim al-Qushayrī, qui l'a pris comme serviteur et qui l'a chargé d'écrire ses ouvrages. Abū l-Qāsim al-Anṣārī est surtout connu pour avoir étudié auprès d'al-Juwaynī, à deux périodes : avant la fameuse campagne de dénigrement anti-ashʿarite qui va faire quitter ce dernier (de même qu'al-Qushayrī) la ville de Nishapur, et après le retour à ladite ville de celui qui fut désormais nommé Imām al-Ḥaramayn. C'est dans cette phase tardive qu'Abū l-Qāsim al-Anṣārī approfondit son étude du *kalām* auprès d'al-Juwaynī et que sa notoriété grandissante va s'associer au nom de ce dernier au point que des chroniqueurs le nomment « *tilmīdh Imām al-Ḥaramayn* ». Cette influence de la pensée d'al-Juwaynī, on la trouve aussi dans l'œuvre d'al-Anṣārī : il écrit l'un des premiers commentaires du traité d'al-

Juwaynī *al-Irshād*. Il est également l'auteur d'un autre traité ashʿarite, *al-Ghunya fī l-kalām*, construit sur une structure semblable au commentaire d'*al-Irshād* au point que certains savants ont pu confondre les deux ouvrages.

Parmi les étudiants d'al-Anṣārī, on peut compter le célèbre hérésiographe al-Shāhrastānī. Abū l-Qāsim décède en 512/1118.

Plusieurs éléments nous intéressent ici. Frank ne s'est pas trompé en faisant le lien entre Abū l-Qāsim et al-Juwaynī. Pour autant, je crois que borner le premier à son seul statut d'étudiant du second, comme le laissent entendre les chroniqueurs tardifs qui l'ont sommairement qualifié de « *tilmīdh Imām al-Ḥaramayn* », présente comme risque majeur l'occultation de toute autre influence sur al-Anṣārī, et en particulier celle d'Abū l-Qāsim al-Qushayrī. Rappelons que c'est le seul savant dont il est attesté qu'al-Anṣārī était le serviteur. C'est aussi lui qui dictait au second plusieurs ouvrages. Si al-Qushayrī est considéré comme une des grandes figures du soufisme, et que le terme *khidma* a une signification et importance particulières dans cette spiritualité, ce savant n'en était pas moins une des premières références importantes de l'ashʿarisme.

Rappelons, à titre de comparaison, qu'al-Juwaynī est né en 419/1028, et que sa notoriété semble tenir davantage de sa propre œuvre que de sa formation, dont on ne sait pas grand-chose. On sait qu'il a suivi les enseignements de son père, Abū Muḥammad, mais on ne sait pas précisément si celui-ci lui a inculqué les bases de l'ashʿarisme. On sait aussi qu'il a étudié les *uṣūl* auprès d'Abū l-Qāsim al-Isfarāyīnī, un des étudiants d'Abū Isḥāq al-Isfarāyīnī.

Abū l-Qāsim ʿAbd al-Karīm al-Qushayrī, en revanche, est né en 376/987 et décède en 465/1073. Il semble qu'Ibn ʿAsākir ait construit sa classification des Ashʿarites en fonction de leur date de décès et non celle de naissance, ce qui explique qu'al-Qushayrī figure dans le *Tabyīn* parmi les Ashʿarites de la quatrième génération, alors que, comme le souligne Ibn ʿAsākir lui-même, il mérite d'appartenir à la troisième génération des Ashʿarites, c'est-à-dire celle des étudiants des disciples directs d'al-Ashʿarī[65]. S'il on en croit Ibn ʿAsākir, il était le plus brillant des disciples d'Ibn Fūrak, qui, d'après Gimaret, était le plus fin connaisseur d'Abū l-Ḥasan al-Ashʿarī[66]. Après la mort d'Ibn Fūrak, c'est auprès d'Abū Isḥāq al-Isfarāyīnī que se dirigea al-Qushayrī. Après avoir évalué son niveau, Abū Isḥāq ne jugea pas nécessaire qu'il assiste à ses cours et estimait qu'il lui suffisait de consulter ses livres afin d'en saisir sa voie caractéristique. Al-Qushayrī fit de même avec l'œuvre d'al-Bāqillānī. Ainsi, al-Qushayrī a pu se familiariser avec chacune des voies des trois plus grandes figures de cette deuxième génération. Son statut de maître soufi ne doit donc pas nous faire oublier

65 Ibn ʿAsākir, *Tabyīn kadhibi al-muftarī*, p. 272.

66 Gimaret, *La doctrine d'Ashʿarī*, Paris, Le Cerf, 1990, pp. 17–18.

qu'il était bel et bien un théologien ashʿarite reconnu. D'ailleurs, c'est bien à cause de ce statut qu'il sera contraint de quitter Nishapur lors de la campagne anti-ashʿarite.

Ce bref aperçu nous suffit pour comprendre qu'affirmer, comme Frank l'a fait, qu'Abū l-Qāsim a certainement reçu ce traité d'al-Juwaynī n'est pas aussi évident qu'il ne paraît. Au contraire, si Abū l-Qāsim al-Anṣārī avait à choisir, il avait tout intérêt, en vue d'écourter sa chaîne de transmission avec des rapporteurs plus fiables, d'avoir une transmission d'*al-Ḥathth ʿalā l-baḥth* par la voie d'al-Qushayrī, qui était plus vieux qu'al-Juwaynī de près d'un demi-siècle, et qui était plus susceptible de transmettre une chaîne ininterrompue compte tenu son rapport direct à deux disciples d'élèves directs d'al-Ashʿarī, dont l'un (Ibn Fūrak) était célèbre pour sa maîtrise fine des textes d'Abū l-Ḥasan. D'autant que l'épître relève plus d'un texte pour débutant que pour étudiant à niveau avancé, ce qui rend plus crédible qu'Abū l-Qāsim l'ait étudié dans sa première période de formation, qui correspond à celle où il fréquentait al-Qushayrī. Ce texte pourrait alors figurer parmi ceux qu'al-Qushayrī a dicté à son disciple.

Avant même de discuter si al-Anṣārī l'a étudié auprès d'al-Juwaynī ou al-Qushayrī, il faudrait savoir si déjà celui-ci a effectivement eu une transmission de ce traité, ce qui n'est en rien évident, compte tenu d'un autre élément, que relève pourtant Frank, mais qui n'a pas suffisamment attiré son attention : l'auteur de la *Ghunya* a incorporé cette épître dans son texte sans aucune mention d'une quelconque chaîne de rapporteurs. L'épître est introduite[67] par : *wa-qad qāl Abū l-Ḥasan fī kitābih al-mutarjam bī l-Ḥathth ʿalā l-baḥth* (« Abū l-Ḥasan a en effet dit dans son livre intitulé *l'Exhortation à l'investigation* ») et se clôture par[68] : *intahā kalām Abī l-Ḥasan fī hādhā l-bāb* (« Fin de citation d'al-Ashʿarī concernant ce chapitre »).

Le fait qu'un savant cite un ouvrage n'implique pas nécessairement que celui-ci en ait reçu une transmission directe. Rien n'indique donc qu'Abū l-Qāsim en ait eu une transmission, et encore moins qu'il a pu en être un transmetteur, surtout quand on a à l'esprit un autre élément qui a échappé à Frank : Abū l-Qāsim était chargé de la bibliothèque de manuscrits de la Niẓāmiyya de Nishapur[69]. Il a très certainement, de par ce statut, profité d'un accès privilégié à des manuscrits rares. Celui-ci en pourrait être un. Pour autant, que le traité soit dépourvu de *sanad* ne diminue en rien l'intérêt de la recension d'al-Anṣārī. Au contraire, il se pourrait que celle-ci soit une version particulièrement authentique. Il n'est d'ailleurs pas impossible qu'une telle bibliothèque ait contenu des manuscrits écrits moins d'un siècle avant, soit du temps d'al-Ashʿarī lui-même.

---

67 *Ghunya*, p. 260.

68 *Ghunya*, p. 268.

69 Ṣarīfīnī, *al-Muntakhab min Kitāb al-Siyāq li-Tārīkh Naysābūr*, Qom, Jamāʿat al-Mudarrisīn fī l-Ḥawza l-ʿilmiyya, 1981, p. 114.

Un autre élément important auquel Frank ne s'est pas intéressé est la date de rédaction de la *Ghunya*. Nous l'avons dit, la rédaction de son œuvre se situe dans la phase postérieure au retour d'al-Juwaynī à Nishapur. L'introduction de la *Ghunya* elle-même nous permet d'en affiner la datation. En effet, Abū l-Qāsim nous y apprend qu'il a écrit sa *Ghunya* à la demande de son fils, Abū l-Fatḥ. Or, celui-ci est né en 489/1097. A partir de quel âge peut-on imaginer qu'un enfant, aussi précoce soit-il, puisse faire une telle requête à son père ? Compte tenu également du niveau de la *Ghunya*, toute estimation avant l'âge de quinze ans est difficilement crédible. On peut donc affirmer que la *Ghunya* a été écrite après l'an 500/1106 de façon sûre, très certainement dans la période entre l'an 504/1010 (son fils aurait alors 16 ans) et l'an 510/1116 (son fils aurait alors 21 ans). Il est crédible de situer cette écriture au début de la période 504–510.

Revenons à notre recension. Quand al-Ṭurṭūshī a-t-il écrit son *Kitāb al-asrār wa-l-ʿibar* ? Ben Chrifa, qui s'est intéressé à la question avant nous[70], a supposé qu'al-Ṭurṭūshī en a entamé la rédaction alors qu'il était encore à Jérusalem, s'appuyant sur un passage (déjà cité plus haut) de l'introduction du *Kitāb al-asrār* détaillant le contexte ayant mené l'auteur à son écriture : « *(...) ʿalā jamʿihī annanī kuntu fī l-arḍ al-muqaddasa fī l-masjid al-aqṣā* » (L'élément déclencheur de l'élaboration [de mon livre][71] est que je me trouvais alors en terre sainte à la Mosquée al-Aqṣā).

En fait, ce passage laisse plutôt entendre le contraire : l'usage de l'accompli (*kuntu*) signifie bien que le moment de la rédaction est postérieur à sa présence à Jérusalem.

Par ailleurs, ce passage doit être compris à la lumière d'une autre donnée : la date de la rédaction du *Iḥyā'*, qui doit nécessairement être postérieure à celle des *Asrār wa-l-ʿibar*. Cette date ne fait pas consensus jusqu'à maintenant chez les chercheurs. On estime plutôt que le processus d'écriture du *Iḥyā' ʿulūm al-dīn* s'est étalé sur plusieurs années, de 490/1098 à 497/1105 pour certains, de 489/1097 à 495 /1103 pour d'autres.

Reprenons un passage de l'introduction d'al-Ṭurṭūshī :

> Section : sache que de nombreux auteurs ont écrit à ce sujet des livres innombrables et de grands recueils classiques, parmi lesquels *Ḥilyat al-awliyā'* d'Abū Nuʿaym al-Aṣbahānī, *Qūt al-qulūb* d'Abū Ṭālib al-Makkī, *Dalīl al-qāṣidīn* d'Abū Bakr b. al-Samanṭārī al-Maghribī, *al-Awwaliyyāt* de Makḥūl, *al-Naṣā'iḥ al-Kabīr* d'Abū Isḥāq al-Maghribī, *al-Riʿāya* d'al-Muḥāsibī, et enfin *Iḥyā ʿulūm al-dīn* d'Abū Ḥāmid al-Ghazālī al-Ṭūsī, qui est parmi ces ouvrages le plus érudit et celui dont les arguments sont les plus forts.

---

70 Ben Chrifa, « Abū Bakr al-Ṭurṭūshī: hal kān lahū dawr fī rujūʿ al-sunna ilā Miṣr? Wa-hal ʿāraḍa Kitāb al-Iḥyā' li l-Ghazālī?», *Mir'āt al-turāth*, 7 (2021), pp. 63–78.

71 Dans le manuscrit : « *Wa-kān* [blanc d'environ un mot] *ʿalā jamʿihī wa-tartībih* ». Nous supposons que le mot effacé est : *al-dāʿī*. Le mot *tartībih* n'a pas été retranscrit par al-Manūnī.

A priori, le procédé d'écriture du *Kitāb al-asrār* a commencé après l'achèvement de celle du *Iḥyā'*, soit, selon l'estimation la plus tardive, vers l'an 497/1105, soit après l'installation d'al-Ṭurṭūshī à Alexandrie.

On sait aussi qu'al-Ṭurṭūshī se réfère au *Kitāb al-asrār* dans son *Sirāj al-mulūk*, ce qui peut nous aider à situer plus précisément la rédaction du premier texte. On sait que le *Sirāj* a été à l'origine écrit pour al-Afḍal. Dans cette période, qui commence au moins vers 514/1120, al-Ṭurṭūshī est alors au Caire.

En outre, on ne peut essayer de dater ce texte sans aborder la rencontre avec al-Ghazālī, ou le flou autour de celle-ci. Nous l'avons dit, on la situe aux alentours de l'an 489/1096, au Shām, à Damas ou Jérusalem. Dans sa lettre à Ibn Muẓaffar, al-Ṭurṭūshī laisse entendre qu'il a proposé un débat à al-Ghazālī, que celui-ci a décliné. On peut imaginer que c'est à Jérusalem qu'al-Ṭurṭūshī a eu accès au *Iḥyā'*, peut être à ses premiers chapitres, et que c'est après les avoir lu qu'il a pris l'initiative d'échanger avec al-Ghazālī. Face au refus de ce dernier de débattre, et suite à la fameuse anecdote citée en introduction, al-Ṭurṭūshī songea, toujours à Jérusalem, à mettre à l'écrit ses objections.

Citons un dernier élément : l'autodafé du *Iḥyā'*. C'est précisément l'objet de la fameuse missive envoyée par Ibn Muẓaffar à al-Ṭurṭūshī, et dont la réponse du dernier, déjà évoquée plus haut, nous a partiellement été conservée. Il y mentionne donc l'*Iḥyā'*, avançant qu'il y a mieux à lire dans la même discipline, mais n'illustre pas son propos par un seul titre de livre. Plus encore, après avoir pointé quelques défauts du texte d'al-Ghazālī, il fait une annonce que nous traduisons ainsi : « *J'ai pris la ferme résolution de m'en occuper personnellement, d'en dégager les erreurs et d'en éclaircir les inepties, une à une* »[72].

On peut donc déduire qu'au moment de l'autodafé andalou, qui remonte à l'an 503/1109, al-Ṭurṭūshī n'a pas encore écrit son livre.

Reprenons les éléments dans leur ordre chronologique : al-Ṭurṭūshī semble avoir découvert la pensée d'al-Ghazālī à Jérusalem, au moment où celui-ci s'y trouvait. Il a pu assister « aux premières loges » à l'élaboration de l'*Iḥyā'*, et à son premier accueil. En désaccord avec al-Ghazālī sur plusieurs points de ce livre, al-Ṭurṭūshī tente en vain de le confronter. Avant de quitter Jérusalem, al-Ṭurṭūshī juge alors nécessaire de rédiger une version plus « orthodoxe » du *Iḥyā'*. Ce « besoin d'orthodoxie » s'amplifie quand il s'installe à Alexandrie, où il mène un projet de réforme sunnite face à une hégémonie chiite. Témoin de la grande popularité du *Iḥyā'*, qui se propage jusqu'en al-Andalus, al-Ṭurṭūshī apprend aussi que celle-ci dérange le gouvernement almoravide qui en ordonne l'autodafé ; le moment est donc venu pour al-Ṭurṭūshī de proposer son alternative « orthodoxe » au livre d'al-Ghazālī.

---

72 *Siyar*, XIX, p. 489.

La rédaction du livre d'al-Ṭurṭūshī a donc commencé à Alexandrie, après l'autodafé et avant sa venue au Caire, soit entre la fin de l'an 503/1109 et l'an 514/1121. L'urgence décrite par al-Ṭurṭūshī à produire pareil texte nous font plus pencher pour le début de la période 503–514 que sa fin.

En mettant bout à bout les deux périodes dans lesquelles Abū l-Qāsim al-Anṣārī et al-Ṭurṭūshī ont écrit leur texte respectif (début de la période 504–510 et début de la période 503–514), on arrive à la conclusion suivante : les deux savants ont rédigé leur ouvrage dans un même moment, autour de l'an 505. Cette année n'est pas anodine : il s'agit de celle du décès d'al-Ghazālī.

La recension d'al-Ṭurṭūshī nous montre que la démarche d'al-Anṣārī n'est pas un fait isolé. A un moment particulier, celui de la mort d'al-Ghazālī, nous avons deux théologiens ashʿarites, l'un occidental et l'autre oriental, qui prennent la même initiative : celle d'inclure de façon intégrale, au sein d'un ouvrage apologétique du *kalām*, un traité d'al-Ashʿarī ayant la même thématique.

Pour que cette hypothèse soit vérifiée, c'est-à-dire qu'il s'agit d'un phénomène et non que l'un ait été inspiré par l'autre, il faudrait que l'on s'assure que le texte d'al-Ṭurṭūshī ait été rédigé « loin » de l'environnement d'al-Anṣārī. En d'autres termes : qu'al-Ṭurṭūshī a eu par exemple recours à une autre copie manuscrite du *Ḥathth*.

La collation des différentes recensions du *Ḥathth* est en ce sens très édifiante. Celle d'al-Ṭurṭūshī affiche 257 variantes, dont 184 significatives. Quarante mots ou groupes de mots présents dans le reste des copies est absent dans celle-ci, et, inversement, dix-neuf passages de la copie d'al-Ṭurṭūshī sont absents dans les autres. Les variantes communes à T-2 sont au nombre de 47, auxquelles s'ajoutent 13 variantes communes à B uniquement et 11 autres à F. On ne compte que 20 variantes communes à A.

Compte tenu de cette analyse quantitative brève, il apparaît que la recension d'al-Ṭurṭūshī est beaucoup plus proche d'appartenir à T-2 que T-1, ce qui confirme l'idée que la copie utilisée par al-Anṣārī semble avoir été bien différente de celle d'al-Ṭurṭūshī. D'ailleurs, rappelons-nous que les transmetteurs des copies de T-2 ont en commun d'avoir des transmetteurs ayant en majorité deux traits communs : être égyptien et mālikite. On peut imaginer que la copie d'al-Ṭurṭūshī, ou celle qu'il a utilisée, a pu servir de référence au corpus T-2.

En vue d'alléger l'apparat du texte édité, nous faisons apparaître la collation[73] ci-contre :

73 A = Ahmet III extrait de la *Ghunya* d'al-Anṣārī ; T = Ṭurṭūshī B= Landberg ; F= Feyz ; H= Hyderabad.

	A	T	B	F	H
Sous-titre	ø	بابٌ في إثبات النظَر في الأصول والحَثّ على طلَب العلوم	ø	ø	ø
§-2	إن طائفة	ثم إنَّ طائفة	إنَّ قوما	فإنَّ طائفة	فإنَّ طائفة
§-2	مالوا إلى التقليد	مالوا إلى التخفيف والتقليد	مالوا إلى التخفيف والتقليد	مالوا إلى التخفيف والتقليد	مالوا إلى التخفيف والتقليد
§-2	ونسبوه إلى الضلال	ونسبوه إلى الضلالة	ونسبوه إلى الضلال	ونسبوه إلى الضلال	ونسبوه إلى الضلال
§-3	فزعموا	فزعموا	فزعموا	وزعموا	وزعموا
§-3	الجِسْم والعرَض والحركة والسُّكون	الحركة والسُّكون والجِسْم والعرَض	الحركة والسُّكون والجِسْم والعرَض	الحركة والسُّكون والجِسْم والعرَض	الحركة والسُّكون والجِسْم والعرَض
§-4	قالوا:	وقالوا:	وقالوا:	وقالوا:	وقالوا:
§-4	هُدىً ورُشْداً	هُدىً ورُشْداً	هُدىً ورُشْد	هُدىً ورشاداً	هُدىً ورشاداً
§-4	وخلفاؤه وأصحابه	وخلفاؤه الراشدون، وأصحابه المنتخبون.	وخلفاؤه وأصحابه.	وخلفاؤه وأصحابه.	وخلفاؤه وأصحابه.
§-5	قالوا: ولأن النبي	وقالوا: لأن النبي	قالوا: ولأن النبي	قالوا: ولأن النبي	قالوا: ولأن النبي
§-5	في أمور الدين	من أمور الدين	من أمور الدين	من أمور الدين	من أمور الدين
§-5	بياناً شافياً	بياناً واضحاً	بياناً شافياً	بياناً شافياً	بياناً شافياً
§-5	ولم يترك لأحدٍ من بعده مقالاً	ولم يترك لأحدٍ مقالاً	ولم يترك لأحد بعدِهِ مقالاً	ولم يترك بعده لأحدٍ مقالاً	ولم يترك بعده لأحدٍ مقالاً
§-5	بالمسلمين	بالمسلمين	بالمسلمين	للمسلمين	للمسلمين
§-5	إليه حاجة	إليه حاجة	حاجة إليه	إليه حاجة	إليه حاجة
§-5	أمور دينهم	أمر الدين	أمور دينهم	أمور دينهم	أمور دينهم

	A	T	B	F	H
§-5	ø	وما يُقرِّبهم إلى الله تعالى ورضوانه، ويُبعدهم عن سَخَطه	وما يُقرِّبهم إلى الله ويُباعدهم عن سَخَطه	وما يُقرِّبهم إلى الله عز وجل، ويُباعدهم عن سَخَطه	وما يُقرِّبهم إلى الله عز وجل ويُباعدهم عن سَخَطه
§-6	فلما	ثم قالوا: فلما	فلما	فلما	فلما
§-6	لم يرد	لم يرد	لم يرو	لم يرو	لم يرووا
§-6	ذكرناه	ذكرناه	ذكرنا	ذكرناه	ذكرناه
§-6	أن الكلام فيه بدعة والبحث عنه ضلالة	أن الكلام فيه بدعة.	أن الكلام فيه بدعة والبحث عنه ضلالة	أن الكلام فيه بدعة والبحث عنه ضلالة	أن الكلام فيه بدعة والبحث عنه ضلالة
§-6	لأنه لو كان فيه خير لما فات النبي وأصحابه ولتكلموا فيه	ø	لأنه لو كان في ذلك خير لما فات النبي وأصحابه ولتكلموا	لأنه لو كان فيه خيرًا لما فات النبي وأصحابه ولتكلموا فيه	لأنه لو كان فيه خيراً لما فات النبي وأصحابه ولتكلموا فيه
§-6	قالوا: ولأنه	ولأنه	قالوا: ولأنه	قالوا: ولأنه	قالوا: ولأنه
§-6	ليس يخلو ذلك من وجهين	لا يخلو ذلك من أحد وجهين	ليس يخلو ذلك من أحد وجهين	ليس يخلو ذلك من وجهين	ليس يخلو ذلك من وجهين
§-6	إمَّا أن يكونوا عَلِموه فسكتوا عنه	إمَّا أن يكون عَلِموه فسكتوا، أو لم يعلموه.	إمَّا أن يكونوا عَلِموه فسكتوا عنه، أو لم يعلموه بل جهلوه.	إمَّا أن يكونوا عَلِموه فسكتوا عنه، أو لم يعلموه بل جهلوه.	إمَّا أن يكونوا عَلِموه فسكتوا عنه، أو لم يعلموه بل جهلوه.
§-6	ø	فإن كانوا علموه ولم يتكلموا فيه	فإن كانوا علموه ولم يتكلموا فيه	فإن كانوا علموه ولم يتكلموا فيه	فإن كانوا علموه ولم يتكلموا فيه
§-6	فكذلك يجوز لنا السكوت عنه	وسعنا السكوت كما وسعهم	وسعنا أيضاً نحن السكوت عنه كما وسعهم	وسعنا أيضاً السكوت عنه كما وسعهم	وسعنا أيضاً نحن السكوت عنه كما وسعهم

	A	T	B	F	H
§-6	وأما إن لم يعلموه بل جهلوه فوسعنا جهله كما وسع أولئك جهله	وإن كانوا لم يعلموه وَسِعنا جهلُه كما وسع أولئك جهلُه	وإن كانوا لم يعلموه وَسِعنا جهلُه كما وسع أولئك جهلُه	وإن كانوا لم يعلموه وَسِعنا جهلُه كما وسع أولئك جهلُه	وإن كانوا لم يعلموه وَسِعنا جهلُه كما وسع أولئك جهلُه
§-6	لأنه لو كان من الدين لما وسعهم السكوت عنه	ø	لأنه لو كان من الدين لما وسعهم السكوت عنه	لأنه لو كان من الدين ما وسعهم السكوت عنه	لأنه لو كان من الدين ما وسعهم السكوت عنه
§-6	ø	وَسِعنا تركُ الخوض فيه كما وسعهم	ø	ø	ø
§-6	ولأنه لو كان من الدِّين لم يجهلوه	لأنه لو كان من أمور الدِّين لم يجهلوه	لأنه لو كان من الدِّين لم يجهلوه	لأنه لو كان من الدِّين لم يجهلوه	لأنه لو كان من الدِّين لم يجهلوه
§-6	ø	فعلى كلا الوجهين الكلام فيه بدعة	فعلى كلا الوجهين الكلام فيه بدعة والخوض فيه ضلالة	فعلى كلا الوجهين الكلام فيه بدعة والخوض فيه ضلالة	فعلى كلا الوجهين الكلام فيه بدعة والخوض فيه ضلالة
§-7	فهذه جملة ما تمسكوا به	هذا جملة ما يحتجون به	فهذه جملة ما احتجوا به	فهذه جملة ما احتجوا به	فهذه جملة ما احتجوا به
§-8	والجواب عنه	والجواب	والجواب عنه	قال الشيخ أبو الحسن رضي الله عنه: والجواب عنه	قال الشيخ أبو الحسن رضي الله عنه: والجواب عنه
§-9	فالنبي	والنبي	فالنبي	والنبي	النبي
§-9	وتكلم فيه	وتكلم	أو تكلم فيه	وتكلم فيه	وتكلم فيه
§-9	فاجعلوه مبتدعا ضالا	فهو مبتدع	فاجعلوه مبتدعا ضالا	فاجعلوه مبتدعا ضالا	فاجعلوه مبتدعا ضالا
§-9	فقد لزمكم	فيلزمكم	فقد لزمكم	فقد لزمكم	فقد لزمكم
§-9	مبتدعة ضلالا	مبتدعة	مبتدعة ضلالا	مبتدعة ضلالا	مبتدعة ضلالا

	A	T	B	F	H
§-9	ø	إذ تكلمتُم في شيء لم يتكلّم فيه النبيُّ عليه السَّلام	إذ تكلمتُم في شيء لم يتكلّم فيه النبيُّ عليه السَّلام	إذ تكلمتُم في شيء لم يتكلّم فيه النبيُّ عليه السَّلام	إذ تكلمتُم في شيء لم يتكلّم فيه النبيُّ عليه السَّلام
§-9	بتضليلكم من لم يضلله النبي	وضلَّلتم من لم يُضَلِّلْه عليه السَّلام	وضلَّلتم من لم يُضَلِّلْه النبي	وضلَّلتم من لم يُضَلِّلْه النبي	وضلَّلتم من لم يُضَلِّلْه النبي
§-9	ø	وكذلك أصحابه وكفرتم من لم يكفره	ø	ø	ø
§-10	الوجه الثاني في الجواب أنا لا نسلم	الجواب الثاني	الجواب الثاني أن يقال لهم	الجواب الثاني أن يقال لهم	والجواب الثاني أن يقال لهم
§-10	أن النبي وأصحابه	أنه عليه السلام	أن النبي	أن النبي	أن النبي
§-10	لم يعلموا ذلك على الجملة	لم يجهل شيئا مما ذكرتموه	لم يجهل شيئا مما ذكرتموه	لم يجهل شيئا مما ذكرتموه	لم يجهل شيئا مما ذكرتموه
§-10	ø	من الكلام في الجِسْم والعرَض، والسكون والحركة، والجزء والطفرة	من الكلام في الجِسْم والعرَض، والحركة والسكون، والجزء والطفرة	من الكلام في الجِسْم والعرَض، والحركة والسكون، والجزء والطفرة	من الكلام في الجِسْم والعرَض، والحركة والسكون، والجزء والطفرة
§-10	وإن لم ينقل عنهم الكلام في آحادها	وإن كان لم يتكلَّم في كل واحدٍ من ذلك مُعيّناً	إن لم يتكلَّم في كل أحدٍ من ذلك مُعيّناً	وإن لم يتكلَّم في كل أحدٍ من ذلك مُعيّناً	إن لم يتكلَّم في كل أحدٍ من ذلك مُعيّناً
§-10	ø	وكذلك الفقهاء والعلماء من الصحابة	وكذلك الفقهاء والعلماء من الصحابة	وكذلك الفقهاء والعلماء من الصحابة	وكذلك الفقهاء والعلماء من الصحابة
§-11	كيف وهذه الأشياء التي ذكرتموها معينة أصولها موجودة في القرآن والسنة جملة غير مفصلة	غير أن هذه الأشياء التي ذكرتموها موجودة في القرآن والسنة مجملة غير مفصلة	غير أن هذه الأشياء التي ذكرتموها معينة أصولها موجودة في القرآن والسنة جملة غير مفصلة	غير أن هذه الأشياء التي ذكرتموها معينة أصولها موجودة في القرآن والسنة جملة غير مفصلة	غير أن هذه الأشياء التي ذكرتموها معينة أصولها موجودة في القرآن والسنة جملة غير مفصلة

	A	T	B	F	H
§-12	ø	فصل	ø	ø	ø
§-12	ø	فأما الحركة والسكون فالكلام فيهما موجود في القرآن والسنة مجملة غير مفصلة.	فأما الحركة والسكون والكلام فيهما فأصلهما في القرآن.	فأما الحركة والسكون والكلام فيهما فأصلهما موجود في القرآن والسنة.	فأما الحركة والسكون والكلام فيهما فأصلهما موجود في القرآن.
§-12	ø	وهما يَدلَّان على التوحيد، وكذلك الاجتماع والافتراق	وهما يَدخلان على التوحيد، وكذلك الاجتماع والافتراق	وهما يَدلَّان على التوحيد، وكذلك الاجتماع والافتراق	وهما يَدلَّان على التوحيد، وكذلك الاجتماع والافتراق
§-13	فقال سبحانه خبراً عن إبراهيم	قال الله تعالى مُخْبراً عن إبراهيم	وذلك في قول الله تعالى مُخْبراً عن إبراهيم	قال الله تعالى مُخْبراً عن إبراهيم	قال الله تعالى مُخْبراً عن إبراهيم
§-13	أفول الكواكب	أفول الكوكب والشمس والقمر	أفول الكوكب والقمر والشمس	أفول الكوكب والشمس والقمر	أفول الكوكب والشمس والقمر
§-13	وزوالها وانتقالها من مكان كان إلى مكان	وتحرُّكها من مكان إلى مكان	وتحرُّكهما من مكان إلى مكان	وتحريكهما من مكان إلى مكان	وتحريكها من مكان إلى مكان
§-13	من جاز عليه الحركة والسكون والانتقال	من جاز عليه الأفولُ والانتقال	من جاز عليه الأفولُ والانتقال	من جاز عليه الأفولُ والانتقال	من جاز عليه الأفولُ والانتقال
§-14	في التوحيد	في أصل التوحيد	في أصل التوحيد	في أصول التوحيد	في أصول التوحيد
§-14	من الكتاب كما تلونا من الآيات	من الكتاب أيضًا	من الكتاب أيضًا	أيضاً من الكتاب	أيضاً من الكتاب
§-14	مثل آية التمانع	قال الله تعالى: (لو كان فيهما آلهة إلا الله لفسدتا)	قال الله عز وجل: (لو كان فيهما آلهة إلا الله لفسدتا)	قال الله تعالى: (لو كان فيهما آلهة إلا الله لفسدتا)	قال الله تعالى: (لو كان فيهما آلهة إلا الله لفسدتا)

	A	T	B	F	H
§-14	ø	وهذا الكلام موجز نبه خلقه بإيجازه على الحجة بأنه إله واحد لا شريك له	وهذا كلام موجز منبه على الحجة بأنه واحد لا شريك له	وهذا كلام موجز منبه على الحجة بأنه واحد لا شريك له	وهذا الكلام موجز منبه على الحجة بأنه واحد لا شريك له
§-15	ø	فكلامُ المتكلّمين في ألْف ألْف ورقةٍ في الحِجاج في التّوحيد والتمانع	وكلامُ المتكلّمين في الحِجاج في التوحيد بالتّمانع	وكلامُ المتكلّمين في الحِجاج في التوحيد بالتّمانع	وكلامُ المتكلّمين في الحِجاج في التوحيد بالتّمانع
§-15	ø	(ما اتخذ الله من ولد وما كان معه من إله إذا لذهب كل إله بما خلق) الآية	(ما اتخذ الله من ولد وما كان معه من إله إذا لذهب كل إله بما خلق)	(ما اتخذ الله من ولد وما كان معه من إله إذا لذهب كل إله بما خلق)	(ما اتخذ الله من ولد وما كان معه من إله إذا لذهب كل إله بما خلق)
§-15	مثل قوله	وإلى قوله	وإلى قوله	وإلى قوله	وإلى قوله
§-15	ø	فكلامُ المتكلّمين في توحيد ربِّ العالمين مرجعُه كلُّه إلى هذه الآيات.	وكلامُ المتكلّمين في توحيد ربِّ العالمين مرجعُه كلُّه إلى هذه الآيات التي ذكرنا.	وكلامُ المتكلّمين في الحجاج في توحيد ربِّ العالمين مرجعُه كلُّه إلى هذه الآيات التي ذكرناها.	وكلامُ المتكلّمين في الحجاج في توحيد ربِّ العالمين مرجعُه كلُّه إلى هذه الآيات التي ذكرناها.
§-15	وكذلك سائر الكلام في فروع التوحيد والعدل إنما هو مأخوذ من القرآن	ø	وكذلك سائر الكلام في فروع التوحيد والعدل إنما هو مأخوذ من القرآن	فكذلك سائر الكلام في فروع التوحيد والعدل إنما هو مأخوذ من القرآن	وكذلك سائر الكلام في فروع التوحيد والعدل إنما هو مأخوذ من القرآن

	A	T	B	F	H
§-16	كذلك الكلام	وكذلك سائرُ الكلام	وكذلك الكلام	فكذلك الكلام	فكذلك الكلام
§-16	الذي قد اختلف فيه مشركو العرب	وقد اختلف فيه عقلاء العرب	قد اختلفت فيه عقلاء العرب	الذي قد اختلف فيه عقلاء العرب	الذي قد اختلف فيه عقلاء العرب
§-16	ومن قبلهم من الأمم	ومن فبلهم من غيرهم	ومن فبلهم من غيرهم	ومن فبلهم من غيرهم	ومن فبلهم من غيرهم
§-16	حتى تعجبوا من جواز ذلك	حتى تعجبوا من ذلك	حتى تعجبوا من جواز ذلك	حتى تعجبوا من جواز ذلك	حتى تعجبوا من جواز ذلك
§-16	(أئنا لمبعوثون) وقالوا: (ذلك رجع بعيد)	(ذلك رجع بعيد)	(ذلك رجع بعيد)	(ذلك رجع بعيد)	(ذلك رجع بعيد)
§-16	ø	(إن هي إلا حياتنا الدنيا نموت ونحيي وما نحن بمبعوثين)	ø	ø	ø
§-16	و(من يحيي	(قال من يحيي	(قال من يحيي	(قال من يحيي	وقولهم: (من يحيي
§-16	وهي رميم)	وهي رميم قل يحييها) الآية	وهي رميم)	وهي رميم)	وهي رميم)
§-16	ø	(أيعدكم أنكم إذا متم وكنتم ترابا وعظاما أنكم مخرجون)	وقوله تعالى: (أيعدكم أنكم إذا متم وكنتم ترابا وعظاما أنكم مخرجون)	وقوله تعالى: (أيعدكم أنكم إذا متم وكنتم ترابا وعظاما أنكم مخرجون)	وقوله تعالى: (أيعدكم أنكم إذا متم وكنتم ترابا وعظاما أنكم مخرجون)
§-16	ونحو هذه الشبه	ø	في نحو هذا الكلام منهم الذي أخبر الله تعالى به عنهم	في نحو هذا الكلام منهم الذي أخبر الله تعالى به عنهم	وفي نحو هذا الكلام منهم الذي أخبر الله تعالى به عنهم

	A	T	B	F	H
§-16	فورد في القرآن الدلالة على جوازه تأكيدا لجواز ذلك من العقول	فوردت الآية بالحجاج في جواز البعث بعد الموت تأكيدًا لجواز ذلك في العقول	وإنما ورد الحجاج في جواز البعث بعد الموت في القرآن العظيم على ذلك وألزمهم بذلك في كتابه العزيز	إنما ورد بالحجاج في جواز البعث بعد الموت في القرآن تأكيدًا لجواز ذلك في العقول	إنما ورد بالحجاج في جواز البعث بعد الموت في القرآن تأكيدًا لجواز ذلك في العقول
§-16	الذي قد اختلف فيه مشركو العرب	وقد اختلف فيه عقلاء العرب	قد اختلفت فيه عقلاء العرب	الذي قد اختلف فيه عقلاء العرب	الذي قد اختلف فيه عقلاء العرب
§-17	علم الله نبيه	علم الله نبيه	علم الله نبيه وأمته	علم الله نبيه ولقنه	علم الله نبيه ولقنه
§-17	تثبيت الحجاج عليهم	كيفيةَ الحجاج عليهم	الحجاج عليهم	الحجاج عليهم	الحجاج عليهم
§-17	طائفتيْن منهم	طائفتيْن منهم	طائفتيْن	طائفتيْن	طائفتيْن
§-17	جحدت ذلك	جحدت كليهما	جحدت ذلك	جحدت ذلك	جحدت ذلك
§-18	المقر منهما	المقر منهما	المقر منهما	المقر منها	المقر منها
§-18	بإلحاق الأول	بالخلق الأول	بإلحاق الأول	بإلحاق الأول	بإلحاق الأول
§-18	وقوله	وبقوله	وبقوله	وبقوله	وبقوله
§-18	ø	وبقوله: (كما بدأكم تعودون)	ø	ø	ø
§-18	وغير ذلك من نظيره	يقول: وهو هيِّن عليه	وبقوله: (كما بدأكم تعودون)	وبقوله: (كما بدأكم تعودون)	وبقوله: (كما بدأكم تعودون)
§-18	من قدر على	من قدر أن (أن في الهامش)	من قدر أن	من قدر أن	من قدر أن
§-18	لا على مثال سبق	لا على مثال سبق	على مثال سبق	على غير مثال سبق	على غير مثال سابق
§-18	أقدر على	قادر أن	أقدر أن	أقدر أن	أقدر أن
§-18	أن يفعل فعلاً محتذياً	أن يفعل محتذيا	أن يفعل فعلاً محتذياً	أن يفعل فعلاً متحذياً	أن يفعل فعلاً محدثاً

	A	T	B	F	H
§-19	ø	فليس خَلْقٌ أهون	فليس خَلْق شيء بأهون	فليس خَلْق شيء بأهون	فليس خَلْق شيء بأهون
§-19	ø	كناية عن الخلق	كناية عائدة إلى الخلق	كناية عائدة للخلق	كناية عائدة للخلق
§-19	ø	وقطع السرة والفطام	وقطع السرة والقماط	وقطع السرة والقماط	وقطع السرة والقماط
§-19	ø	من الآفات	من الآيات	من الآيات	من الآيات
§-19	ø	إنما تكون	إنما يكون	إنما تكون	إنما تكون
§-19	ø	ما احتجَّ به	ما أحتج به	ما أحتج به	ما أحتج به
§-19	وقال: (أو ليس الذي خلق السموات والأرض بقادر على أن يخلق مثلهم) وقال: (لخلق السموات والأرض أكبر من خلق الناس)	ø	ø	ø	ø
§-20	وأمَّا الطائفة الثانية حيث قالت بقِدَم العالَم وأنكرت الخلق الأوَّل والثاني فشبهتهم أن قالوا	وأمَّا الطائفة التي أنكرت الخلق الأوَّل والثاني وقالت بِقِدَم العالَم؛ فإنما دخلت عليهم شُبهة أن قالوا	وأمَّا الطائفة التي أنكرت الخلق الأوَّل والثاني وقالت بقِدَم العالَم؛ فإنما دخلت عليهم شُبهة بأن قالوا	وأمَّا الطائفة التي أنكرت الخلق الأوَّل والثاني وقالت بِقِدَم العالَم؛ فإنما دخلت عليهم شُبهة بأن قالوا	وأمَّا الطائفة التي أنكرت الخلق الأوَّل والثاني وقالت بِقِدَم العالَم؛ فإنما دخلت عليهم شُبهة بأن قالوا
§-20	رطبة حارة	حارة رطبة	حارة رطبة	رطبة حارة	رطبة حارة
§-20	من طبع التراب	وهو طبع التراب	ومن طبع التراب	وهو من طبع التراب	وهو من طبع التراب
§-20	يجمع من	تجمع بين	يجمع بين	يجمع بين	يجمع بين

	A	T	B	F	H
§-20	سويا	نشرا [كذا]	سويا	سويا	سويا
§-20	لا يجتمعان	لا يجتمعان في محل واحد، ولا على الجملة ولا في الوجود	لا يجتمعان	لا يجتمعان	لا يجتمعان
§-20	فأنكروا البعث من هذه الجهة	ø	فأنكروا البعث من هذه الجهة	فأنكروا البعث من هذه الجهة	فأنكروا البعث من هذه الجهة
§-20	ولعمري الضدان لا يجتمعان على محل واحد	ø	ولعمري الضدان لا يجتمعان في محل واحد ولا على الجملة ولا في الوجود ولا في محل	ولعمري إن الضدين لا يجتمعان ولا على الجملة ولا في الموجود ولا في المحل	ولعمري إن الضدين لا يجتمعان ولا في جهة واحدة ولا في الموجود في المحل
§-20	بل صح وجودهما في المحلين	وإنما يصح وجودهما في المحلين	ولكن يصح وجودهما في المحلين	ولكنه يصح وجودهما في محلين	ولكنه يصح وجودهما في محلين
§-21	واحتج	فاحتج	فاحتج	فاحتج	فاحتج
§-21	بأن قال	بقوله	بأن قال	بأن قال	بأن قال
§-21	ø	(وضرب لنا مثلا ونسي خلقه) إلى قوله: (قل يحييها الذي أنشأها أول مرة وهو بكل خلق عليم	ø	ø	ø
§-21	ø	ø	فإذا أنتم منه توقدون)	فإذا أنتم منه توقدون)	فإذا أنتم منه توقدون)
§-22	فردهم الله إلى	فردهم إلى	فردهم الله إلى	فردهم الله إلى	فردهم الله إلى
§-22	النشأة الآخرة	النشأة الأخرى	النشأة الآخرة مثلها	النشأة الآخرة	النشأة الآخرة
§-22	دليلاً على جواز مجاورة الحياة التراب	دليلاً على أن مجاورة الحياة للتراب	دليلاً على جواز مجاورة الحياة للتراب	دليلاً على جواز مجاورة الحياة التراب	دليلاً على جواز مجاورة الحياة التراب

	A	T	B	F	H
§-22	العظام	العظام النخرة	العظام النخرة	العظام النخرة	العظام النخرة
§-22	وجعلها	فيجعلها	وجعلها	وجعلها	وجعلها
§-22	ø	ø	كما بدأنا أول خلق نعيده	كما بدأنا أول خلق نعيده	كما بدأنا أول خلق نعيده
§-23	وفي قول النبي عليه السلام: كان الله ولا شيء معه، دليل على بطلان قول من قال: لا ليل إلا وقبله نهار ولا حركة إلا قبلها سكون.	ø	ø	ø	ø
§-23	ø	فأما احتجاج المتكلمين على أن الحوادث لها أول	وأما ما يتكلم به المتكلمون من أن للحوادث أولا	فأما احتجاج المتكلمين على أن الحوادث أولا	فأما احتجاج المتكلمين على أن الحوادث أولا
§-23	ø	وردُّهم على الدهرية أنه لا حركة إلاَّ وقبلها حركة، ولا يوم إلاَّ وقبلها يوم. والكلامُ على من قال: ما من جزء إلاَّ وله نصف	وردُّهم على الدهرية أنه لا حركة إلاَّ وقبلها حركة، ولا يوم إلاَّ وقبلها يوم. والكلامُ على من قال: ما من جزء إلاَّ وله نصف	وردُّهم على الدهرية أنه لا حركة إلاَّ وقبلها حركة، ولا يوم إلاَّ وقبلها يوم. والكلامُ على من قال: ما من جزء إلاَّ وله نصف	وردُّهم على الدهرية أنه لا حركة إلاَّ وقبلها حركة، ولا يوم إلاَّ وقبلها يوم. والكلامُ على من قال: ما من جزء إلاَّ وله نصف
§-23	وفي قوله عليه السلام	فأصلُه في السُّنة، حين قال	فقد وجدنا أصل ذلك في سنة رسول الله حين قال	فقد وجدنا أصل ذلك في سنة رسول الله حين قال	فقد وجدنا أصل ذلك في سنة رسول الله حين قال
§-23	وفي جوابه للأعرابي	فما بال الإبل الجرباء فتجرب؟	فما بال الإبل كأنها الظباء يدخل فيها الجمل الأجرب فيجربها؟	فما بال الإبل كأنها الظباء تدخل في الإبل الجربي فتجرب؟	فما بال الإبل كأنها الظباء تدخل في الإبل الجربي فتجرب؟

	A	T	B	F	H
§-23	Ø	فسكت الأعرابي لما أفحمه النبي عليه السلام بالحجة المعقولة	فسكت الأعرابي لما أفحمه بالحجة المعقولة	فسكت الأعرابي لما أفحمه بالحجة المعقولة	فسكت الأعرابي لما أفهمه بالحجة المعقولة
§-24	ولو كان الأمر على ما قالوا من أنه	وكذا نقول لمن زعم	فكذلك نقول لمن زعم	وكذلك نقول لمن زعم	وكذلك نقول لمن زعم
§-24	ولو كان الأمر على ما قالوا من أنه لا حركة إلا وقبلها حركة لاستحال حدوث واحد منهما	لو كان الأمرُ هكذا لم يَحْدُثْ منها واحدة	لو كان الأمرُ هكذا لم يَحْدُثْ منها واحدة	لو كان الأمرُ هكذا لم تَحْدُثْ منها واحدة	لو كان الأمرُ هكذا لم تَحْدُثْ منها واحدة
§-25	قال الأعرابي	قال الرجل: يا رسول الله	قال الرجل: يا نبي الله	قال الرجل: يا نبي الله	قال الرجل: يا نبي الله
§-25	غرض بنفيه	عرّض لنفيه	عرّض بنفيه	عرض بنفيه	عرّض بنفيه
§-25	هل منها	هل فيها	هل فيها	هل فيها	هل فيها
§-25	أورق	لورقاً	أورق	ورقاً	أورق
§-26	فهذا ما علمه الرسول عليه السلام	فهذا ما علّمه الله تعالى	فهذا ما علّمه الله نبيه	فهذا ما علّمه الله نبيه	فهذا ما علّمه الله نبيه
§-26	فهذا أصل لنا في سائر ما حكم به من الشبه والنظير	Ø	فهو أصل لنا في سائر ما يحكم به من الشبه والنظير	وهو أصل لنا في سائر ما نحكم به من الشبيه والنظير	وهو أصل لنا في سائر ما نحكم به من الشبيه والنظير
§-26	ولذلك نحتج على من قال	وبهذا يحتج على من قال	وبذلك يحتج على من قال	ولذلك نحتج على من قال	وبذلك نحتج على من قال
§-27	فإن كان يشبهه من جميع جهاته	فإن كان يشبه كل جهاته	فإن كان يشبهه كل جهاته	فإن كان يشبهه كل جهاته	فإن كان يشبهه كل جهاته
§-27	Ø	محدثا مثله	محدثا مثلها	محدثا مثلها	محدثا مثله
§-27	أشبهه	أشبهها	أشبهها	أشبهه	أشبهه
§-27	اشتبها فيه	فيما اشتبها به	أشبهها له قديما وحديثا ومن حيث خالفها	اشتبها له	اشتبها له
§-27	أن يكون المحدث	أن يكون المحدث	أن تكون المحدثات	أن يكون المحدث	أن يكون المحدث

	A	T	B	F	H
§-28	Ø	وقد قال الله تعالى: (ليس كمثله شيء). وقال: (ولم يكن له كفؤا أحد).	وقد قال الله تعالى: (ليس كمثله شيء). وقال: (ولم يكن له كفؤا أحد).	وقد قال الله تعالى: (ليس كمثله شيء). وقال: (ولم يكن له كفؤا أحد).	وقد قال الله تعالى: (ليس كمثله شيء). وقال: (ولم يكن له كفؤا أحد).
	وأما قولنا إن للجسم نهاية وأن الجزء لا ينقسم فدليل ذلك من التنزيل قوله تعالى: كل شيء أحصيناه في إمام مبين وقوله: أحصى كل شيء عددا. ويستحيل إحصاء ما لا يتناهى وما لا نهاية له.	Ø	وأما الأصل بأن للجسم نهاية وأن الجزء لا ينقسم بقوله: وأحصى كل شيء عددا. وقوله: وكل شيء أحصيناه في إمام مبين ومحال إحصاء ما لا نهاية له. ومحال أن يكون الشيء الواحد منقسماً لأن هذا موجب أن يكون شيئين. وقد خبر أن العدد وقع عليها.	وأما الأصل بأن للجسم نهاية وأن الجزء لا ينقسم فقوله: وأحصى كل شيء عددا. وقوله: وكل شيء أحصيناه في إمام مبين ومحال إحصاء ما لا نهاية له. ومحال أن يكون الشيء الواحد ينقسم لأن هذا يوجب أن يكونا شيئين. وقد أخبر أن العدد وقع عليها.	وأما الأصل بأن للجسم نهاية وأن الجزء لا ينقسم فقوله: وأحصى كل شيء عددا. وقوله: وكل شيء أحصيناه في إمام مبين ومحال إحصاء ما لا نهاية له. ومحال أن يكون الشيء الواحد ينقسم لأن هذا يوجب أن يكونا شيئين. وقد أخبر أن العدد وقع عليها.
	ومن الدليل على أن الخالق هو من يتأتى المخلوقات منه على حسب قصده. وأما من يكون مقدوره واقعاً على خلاف قصده أو دون قصده فليس بخالق له ولا المقدور مخلوقا له، قوله تعالى: أفرأيتم ما تمنون ءأنتم تخلقونه أم نحن الخالقون.	Ø	وأما الأصل في أن المحدث للعالم يجب أن يتأتى الفعل على حسب قصده وينتفي عن كراهته بقوله تعالى: أفرأيتم ما تمنون ءأنتم تخلقونه أم نحن الخالقون. (الأنتم بدل ءأنتم)	وأما الأصل في أن المحدث للعالم يجب أن يتأتى له الفعل نحو قصده واختياره وتنتفي عن كراهته فقوله تعالى: أفرأيتم ما تمنون ءأنتم تخلقونه أم نحن الخالقون. (وأنتم بدا ءأنتم)	وأما الأصل في أن المحدث للعالم يجب أن يتأتى له الفعل نحو قصده واختياره وتنتفي عن كراهيته فقوله تعالى: أفرأيتم ما تمنون ءأنتم تخلقونه أم نحن الخالقون. (وأنتم بدل ءأنتم)
§-27	Ø	Ø	فلم يستطيعوا أن يقوموا الحجة أنهم يخلقون مع تمنيهم الولد فلا يكون ومع كراهتهم له فيكون. فنبههم أن الخالق هو من تتأتى المخلوقات على قصده.	فلم يستطيعوا أن يقولوا بحجة أنهم يخلقون مع تمنيهم الولد فلا يكون ومع كراهيتهم له فيكون فنبههم أن الخالق هو من تتأتى منه المخلوقات على قصده.	فلم يستطيعوا أن يقولوا بحجة أنهم يخلقون مع تمنيهم الولد فلا يكون ومع كراهيته له فيكون فنبههم أن الخالق هو من يتأتى منه المخلوقات على حسب قصده.

	A	T	B	F	H
	وأما الدليل على أن الكائنات على وفق تقديره سبحانه ومشيئته من التنزيل فقوله: لو شئنا لأتينا كل نفس هداها، ولوشاء الله لجمعهم على الهدى ولو شاء الله ما أشركوا، إلى غير ذلك من الآيات.	Ø	Ø	Ø	Ø
§-29	قال أبو الحسن رضي الله عنه: وأما أصلنا في المناقضة على الخصم	فأما أصلنا في المناقضة على الحكم	فأما أصلنا من المناقضة على الخصم	فأما أصلنا من المناقضة على الخصم	فأما أصلنا من المناقضة على الخصم
§-29	السنة	سنة رسول الله	سنة النبي	سنة سيدنا محمد	سنة سيدنا محمد
§-29	وذلك أن النبي قال لمالك بن الصيف وكان حبرا سمينا من أحبار اليهود	وذلك تعليم الله إياه حين لقي الحبر السمين فقال	وذلك تعليم الله إياه حين لقي الحبر السمين فقال	وذلك تعليم الله إياه حين لقي الحبر السمين فقال له	وذلك تعليم الله إياه حين لقي الحبر السمين فقال له
§-29	فغضب الرجل	فغضب الحبر	فغضب الحبر	فغضب الحبر	فغضب الحبر
§-29	Ø	حين عيره بذلك	حين عيره بذلك	حين عيره بذلك	حين عيره بذلك
§-29	فناقضه عن قرب	فناقضه	فناقضه عن قريب	فناقضه عن قرب	فناقضه عن قرب
§-29	فعلمه الله تعالى حتى قال	Ø	Ø	Ø	Ø
§-29	Ø	وقد كان الحبر مقرا بأن الله تعالى أنزل التوراة على موسى	وقد كان الحبر مقرا بأن الله تعالى أنزل التوراة على موسى	وقد كان الحبر مقرا بأن الله تعالى أنزل التوراة على موسى	وقد كان الحبر مقرا بأن الله تعالى أنزل التوراة على موسى
§-30	برسول	لرسول	لرسول	لرسول	لرسول
§-30	إليهم...يؤمنوا... يأتيهم	إليهم...يؤمنوا... يأتيهم	إلينا...نؤمن... يأتينا	إليهم...يؤمنوا... يأتيهم	إليهم...يؤمنوا... يأتيهم
§-30	إن كنتم صادقين) فناقضهم بذلك وحاجّهم.	Ø	إن كنتم صادقين) فناقضهم بذلك وحاجّهم.	إن كنتم صادقين) فناقضهم بذلك وحاجّهم.	إن كنتم صادقين) فناقضهم بذلك وحاجّهم.
§-31	في مغالطة الخصوم	في استدراكنا مغالطة الخصوم	في استدراكنا مغالطة الخصوم	في استدراكنا مغالطة الخصوم	في استدراكنا مغالطة الخصوم

§-31	فذلك مأخوذ من القرآن فإن الله تعالى لما قال	فمأخوذ	فمأخوذ	فمأخوذ	فمأخوذ
§-31	أراد ابن الزبعرى أن يناقض رسول الله فقال: أن الملائكة عبدوا من دون الله وكذلك عيسى أفتقول يا محمد إنهم حصب جهنم؟	فلمَّا نزلتْ قال ابن الزِّبَعْرى -وكان خصما جَدِلًا: خصمت محمدا ورب الكعبة	فإنه لما نزلت هذه الآية بلغ ذلك عبد الله بن الزبعرى وكان جدلا خصما	فإنها لما نزلت هذه الآية بلغ ذلك عبد الله بن الزبعرى وكان جدلا خصما	فإنها لما نزلت هذه الآية بلغ ذلك عبد الله بن الزبعرى وكان جدلا خصما
§-31	Ø	فقال: يا محمد؛ ألستَ تزعمُ أن عيسى وعُزَيراً والملائكةَ عبادٌ صالحون؟ قال: أجل، قال: فإن النصارى تعبد عيسى، وطائفةٌ من اليهود تعبد عُزَيراً، وهذا بنو عَمْرة يعبدوا الملائكة، فيلزمك أن يكونوا حصبَ جهنم، فسكت النبيُّ عليه السَّلام»، لا سكوت عِيٍ ولا منقطع، تعجُّباً من قوله، لأنه ليس في الآية دخولُ عيسى وعزير والملائكة؛ لأنه لم يقل: وكلُّ ما عبدتم من دون الله، وإنما أراد ابن الزبعرى مغالطةَ النبيِّ عليه السَّلام ليُوهِم قومَه أنه قد حاجَّه	فجاء إلى النبي فقال: يا محمد؛ ألستَ تزعمُ أن عيسى وعُزَيراً والملائكةَ عبادٌ صالحون؟ قال: أجل، قال: فإن النصارى تعبد عيسى، وطائفةٌ من اليهود تعبد عُزَيراً، وهذا بنو لجم يعبدوا الملائكة، [بياض] أن يكونوا حصبَ جهنم، فسكت النبيُّ عليه السَّلام»، لا سكوت منقطع ولا عي بل تعجُّباً من جهله لأنه قال: وما تعبدون ولم يقل: وكلُّ ما عبد من دون الله، وإنما أراد ابن الزبعرى مغالطةَ النبيِّ عليه السَّلام ليُوهِم قومَه أنه قد حاجَّه	فجاء إلى رسول الله فقال: يا محمد؛ ألستَ تزعمُ أن عيسى وعُزَيراً والملائكةَ عبادٌ صالحون؟ قال: أجل، قال: فإن النصارى تعبد عيسى، وطائفةٌ من اليهود تعبد عُزَيراً والملائكة، [بياض]أن يكونوا حصبَ جهنم، فسكت النبيُّ عليه السَّلام»، لا سكوت منقطع ولا عي بل تعجُّباً من جهله لأنه قال: وما تعبدون ولم يقل: وكلُّ ما تعبدون من دون الله، وإنما أراد ابن الزبعرى مغالطةَ النبيِّ عليه السَّلام ليُوهِم قومَه أنه قد حاجَّه	فجاء إليه رسول الله فقال: يا محمد؛ ألستَ تزعمُ أن عيسى وعُزَيراً والملائكةَ عبادٌ صالحون؟ قال: أجل، قال: فإن النصارى تعبد عيسى، وطائفةٌ من اليهود تعبد عُزَيراً، وهذا بنو؟ عبدوا الملائكة، فيلزمك [بياض]أن يكونوا حصبَ جهنم، فسكت النبيُّ عليه السَّلام»، لا سكوت منقطع ولا عي بل تعجُّباً من جهله لأنه قال: وما تعبدون ولم يقل: وكلُّ ما تعبدون من دون الله، وإنما أراد ابن الزبعرى مغالطةَ النبيِّ عليه السَّلام ليُوهِم قومَه أنه قد حاجَّه
§-32	فقال الله سبحانه بيانًا لذلك	فأنزل الله	فأنزل الله	فأنزل الله	فأنزل الله
§-32	Ø	يعني من المعبودين	Ø	يعني من المعبود	يعني من المعبودين

	A	T	B	F	H
§-32	Ø	فقرأها	فقرأها	فقرأ	فقرأ
§-32	Ø	لئلا ينتشر	لئلا يتبين	لئلا يبين	لئلا يتبين
§-32	يعنون عيسى أرادوا مغالطة رسول الله فقال سبحانه	يعنون عيسى فأنزل الله	يعنون عيسى فأنزل الله	يعنون عيسى فأنزل الله	يعنون عيسى فأنزل الله
§-32	(ما ضربوه لك إلا جدلا بل هم قوم خصمون)	(ولما ضرب ابن مريم مثلًا إذا قومك منه يصدون وقالوا ألهتنا خير أم هو ما ضربوه لك إلا جدلا بل هم قوم خصمون)	(ولما ضرب ابن مريم مثلًا إذا قومك منه يصدون) إلى قوله: (قوم خصمون)	(ولما ضرب ابن مريم مثلًا إذا قومك منه يصدون) إلى قوله: (قوم خصمون)	(ولما ضرب ابن مريم مثلًا إذا قومك منه يصدون) إلى قوله: (قوم خصمون)
§-32	لأنه لو قال: عيسى خير، فقد أثبت لآلهتهم خيرية. فقال سبحانه: (إن هو إلا عبد أنعمنا عليه)	Ø	وهذا نص عليه على مجادلتهم ومجادلته إياهم بالوحي وما علمه الله إياه.	Ø	Ø
§-33	ø	فكل ما	وكل ما	وكل ما	وكل ما
§-33	ø	من الآي والخبر	من الآي والخبر	من الآي والخبر	من الآي والخبر
§-33	ø	وما لم نذكر مما يطول ذكره	وما لم نذكره	وما لم نذكره	أو ما لم نذكره
§-33	ø	هو أصل لنا	أصل لنا	أصل لنا	أصل
§-33	ø	وحجة في الكلام	وهو حجة في الكلام فيما نذكره في تفصيل الكلام في المسائل وإن لم يكن كل مسألة معينة في الكتاب والسنة	وحجة لنا في الكلام فيما نذكره من الكلام في المسائل وإن لم تكن كل مسألة معينة في الكتاب والسنة	وحجة لنا في الكلام فيما نذكره من الكلام في المسائل وإن لم تكن كل مسألة معينة في الكتاب والسنة
§-33	ø	ما حدث بعينه	ما حدث معينا	ما حدث تعيينها	ما حدث تعيينها
§-33	ø	سائر العقليات	المسائل العقليات	المسائل العقليات	المسائل العقليات
§-33	ø	قد تكلموا	وقد تكلموا	وقد تكلموا	وقد تكلموا
§-33	ø	ما ذكرنا	ذكرناه	ذكرناه	ذكرناه

	A	T	B	F	H
§-34	قال الشيخ أبو الحسن: والجواب الثالث	الجواب الثالث	وأما الجواب الثالث	والجواب الثالث	والجواب الثالث
§-34	التي ذكروها وسألوا عنها	التي سألوا عنها	التي سألوا عنها	التي سألوا عنها	التي سألوا عنها
§-34	قد علمها النبي عليه السلام	قد علمها النبي عليه السلام مفصلا	قد علمها النبي عليه السلام مفصلا	قد علمها رسول الله عليه السلام مفصلا	قد علمها رسول الله عليه السلام مفصلا
§-34	ولم يجهل شيئا منها مفصلا	ولم يجهل شيئا منها	ولم يجهل شيئا منها مفصلا	ولم يجهل شيئا منها مفصلا	ولم يجهل شيئا منها مفصلا
§-34	فإن كانت أصولها	وإن كانت أصولها	وإن كانت أصولها	وإن كانت أصولها	وإن كانت أصولها
§-35	فيما له تعلق	ما له تعلق	فيما له تعلق	فيما له تعلق	فيما له تعلق
§-35	وناظروا فيه وحاجّوا	وناظروا فيه وجادلوا	وناظروا فيها وجادلوا وحاجّوا	وناظروا فيه وجادلوا وحاجّوا	وناظروا فيه وجادلوا وحاجّوا
§-35	كمسائل العول والجدات من مسائل الفرائض	كمسائل العول والغرقى والخنثى والأكدرية والمشتركة والجد مع الإخوة والجدات من مسائل الفرائض	كمسائل الفرائض	كالفرائض	كمسائل الفرائض
§-35	وغير ذلك من أحكام الميراث	وغير ذلك من الأحكام	وغير ذلك من الأحكام	وغير ذلك من الأحكام	وغير ذلك من الأحكام
§-35	وعدة الحامل والمتوفى عنها زوجها وكذلك في قول من قال لامرأته أنت علي حرام	كالحرام والبائن والبتة وحبلك على غاربك	كالحرام والبائن والبتة وحملك على غاربك	كالحرام والبائن والبتة وحبلك على غاربك	كالحرام والبائن والبتة وحبلك على غاربك
§-35	وغير ذلك من الحدود والمعاملات	وكالمسائل من الحدود والطلاق	وكالمسائل في الحدود والطلاق	وكالمسائل في الحدود والطلاق	وكالمسائل في الحدود والطلاق
§-35	ø	مما يكثر ذكرها مما حدثت في أيامهم	مما يكثر ذكرها مما حدثت في أيامهم	مما يكثر ذكرها مما حدثت في أيامهم	مما يكثر ذكرها مما حدثت في أيامهم

ولم يجئ في كل واحدة منها نص عن النبي	ولم يجئ كل في واحد منها نص عن النبي	ولم يجئ في كل واحد منها نص عن النبي	ولم يجئ في واحد منها نص عن النبي	فتكلموا فيها من غير أن وجدوا فيه نصا عن النبي	§-35
إذ لو نص على جميع ذلك لما اختلفوا فيها	إذ لو نص على جميع ذلك لما اختلفوا فيها	إذ لو نص على جميع ذلك لما اختلفوا	إذ لو نص على جميع ذلك لما اختلفوا فيها	إذ لو وجدوا فيها نصا لما اختلفوا فيها	§-35
وبقي الخلاف إلى الآن	وبقي الخلاف إلى الآن	وبقي الخلاف إلى الآن	ø	وبقي الاختلاف إلى الآن	
وهذه المسائل	وهذه المسائل	وهذه المسائل	وهذه الأشياء	وهذه المسائل	§-36
يكن	يكن	تكن	يكن	يكن	§-36
واحد	واحد	واحد	واحد	واحدة	§-36
ø	ø	ø	بعينها	ø	§-36
رسول الله	رسول الله	النبي	النبي	النبي	§-36
والسنة	أو السنة	أو السنة	أو سنة	أو سنة نبيه	§-36
واجتهادهم	واجتهادهم	اجتهادهم	اجتهادهم	اجتهادهم	§-36
فهذه أحكام حوادث الفروع ردوها إلى أحكام الشريعة التي هي فروع لا تستدرك أحكامها إلا من جهة السمع والرسل	فهذه أحكام حوادث الفروع ردوها إلى أحكام الشريعة التي هي فروع لا تستدرك أحكامها إلا من جهة السمع والرسل	فهذه أحكام حوادث الفروع ردوها إلى أحكام الشريعة التي هي فروع لا تستدرك أحكامها إلا من جهة السمع والرسل	ø	فهذه أحكام حوادث الفروع ردوها إلى أصول الشريعة	
ø	ø	ø	فصل	ø	§-37
حوادث تحدث	حوادث تحدث	حوادث تحدث	حوادث تحدث	الحوادث التي تحدث	§-37
من تعيين	من تعيين	من تعيين	في تعيين	من تعيين	§-37
عاقل مسلم	عاقل مسلم	عاقل مسلم	عاقل مسلم	مسلم عاقل	§-37
يرد حكمها	يرد حكمها	يردها	يرد حكمها	يرد حكمها	§-37
ø	ø	ø	يجب	ø	§-37

	A	T	B	F	H
§-37	أن تكون مردودة	أن يكون مردودا	أن تكون مردودة	أن تكون مردودة	أن تكون مردودة
§-37	التي طريقها	التي طريقها	التي طريقه	الذي طريقه	الذي طريقه
§-37	ø	والمحسوسات	والمحسوسات	والمحسوسات	والمحسوسات
§-37	أن ترد إلى البداية والمحسوسات والضروريات ليرد	فإنما يرد	أن تردها إلى أصول العقل التي طريقها النظر والحس والقياس ليرد	أن يرد إلى البداية والمحسوسات والضروريات ليرد	أن يرد إلى البداية والمحسوسات والضروريات ليرد
§-37	ولا تخلط	تخلط	يخلط	تخلط	يخلط
§-38	ولو	ولو	فلو	فلو	فلو
§-38	زمان	أيام	أيام	أيام	أيام
§-38	في خلق القرآن	في القرآن	الكلام في خلق القرآن	الكلام في خلق القرآن	الكلام في خلق القرآن
§-38	وفي مسألة الجزء والجسم وغير ذلك	والجزء والطفرة	وفي الجزء والطفرة	وفي الجزء والطفرة	وفي الجزء والطفرة
§-38	لتكلم فيه	لتكلم فيها	لتكلم فيه	لتكلم فيه	لتكلم فيه
§-38	في زمانه وأيامه	في أيامه	في أيامه من تعيين المسائل المذكورة	في أيامه من تعيين المسائل المذكورة وتكلم فيها	في أيامه من تعيين المسائل المذكورة وتكلم فيها
§-39	ø	سؤال عليهم	ø	ø	ø
§-38	في أن القرآن غير مخلوق ولا هو مخلوق	في أن القرآن مخلوق أو غير مخلوق	في أن القرآن غير مخلوق أو هو مخلوق	في أن القرآن غير مخلوق أو هو مخلوق	في أن القرآن غير مخلوق أو هو مخلوق

	A	T	B	F	H
§-40	فإن قالوا	فإن قيل	فإن قالوا	فإن قالوا	فإن قالوا
§-40	قد قاله	فقد قال فيه	قد قاله	قد قاله	قد قاله
§-40	بعض الصحابة وبعض النابغين	بعض الصحابة وبعض التابعين	بعض الصحابة والتابعين	بعض الصحابة وبعض التابعين	بعض الصحابة وبعض التابعين
§-40	قلنا فلزم	قلنا يلزم	قيل لهم: فيلزم	قيل لهم: يلزم	قيل لهم: يلزم
§-40	مبتدعا ضالا	مبتدعا ضالا على زعمكم	مبتدعا ضالا	مبتدعا ضالا	مبتدعا ضالا
§-40	ما لم يقله النبي	ما لم يعلمنا النبي	ما لم يقله النبي	ما لم يقله النبي	ما لم يقله النبي
§-41	فإن قال قائل:	فإن قال:	فإن قال قائل:	فإن قال قائل:	فإن قال قائل:
§-41	أنا متوقف فيه فلا	أنا أتوقف في ذلك ولا	فأنا أتوقف في ذلك فلا	فأنا أتوقف في ذلك فلا	فأنا أتوقف في ذلك فلا
§-41	قلنا	قيل له	قيل له	قيل له	قيل له
§-41	Ø	ومن قال بنفي خلقه	ø	ø	ø
§-42	ويقال لهم	وخبّرونا	وخبّرونا	وخبّرونا	وخبّرونا
§-42	أو قال في وصفه ما لا يليق	Ø	Ø	Ø	Ø
§-43	قلنا	قيل لهم	قيل لهم	قيل لهم	قيل لهم
§-43	رسول الله ولا صحابته	النبي ولا الصحابة	النبي ولا أصحابه	النبي ولا أصحابه	النبي ولا أصحابه
§-44	Le paragraphe entier est manquant	هل ربكم	هذا ربكم	هذا ربكم	هذا ربكم
§-44	Ø	Ø	Le passage après صفراوي est manquant	أو يشم الريح أو لا يشمها	أو يشم الريح أو لا يشمها
§-44	Ø	أنف	Ø	أنف وقلب وكبد وطحال	أنف وقلب وكبد وطحال
§-44	Ø	ويعتمر	Ø	Ø	Ø
§-44	Ø	ويركب الخيل أم لا	Ø	وهل يركب الخيل أو لا يركبها	وهل يركب الخيل أو لا يركبها
§-44	Ø	Ø	Ø	وهل يغتم أم لا ونحو ذلك من المسائل	وهل يغتم أم لا ونحو ذلك من المسائل

	A	T	B	F	H
§-44	Ø	أكان ينبغي	Ø	لكان	كان
§-44	Ø	يسكت عنه	Ø	تسكت عنه	تسكت عنه
§-44	Ø	لأن النبي	Ø	لأن رسول الله	لأن رسول الله
§-44	Ø	ولا الصحابة	Ø	ولا أصحابه	ولا أصحابه
§-44	Ø	أو كنت تبين له	Ø	أو كنت لا تسكت فكنت تبين بكلامك	أو كنت لا تسكت فكنت تبين بكلامك
§-44	Ø	أن ذلك لا يجوز على الله	Ø	أن شيئا من ذلك لا يجوز على الله	أن شيئا من ذلك لا يجوز على الله
§-44	Ø	لأجل كذا وكذا وحجة كذا وكذا	Ø	بحجة كذا وكذا	بحجة كذا وكذا
§-45	Le paragraphe entier est manquant	فإن قال:	فإن قال قائل	فإن قال قائل	فإن قال قائل
§-45	Ø	في جميع ذلك	في جميع هذه الصيغ	في جميع هذه الصيغ	في جميع هذه الصيغ
§-45	Ø	واهجروه	Ø	Ø	Ø
§-45	Ø	Ø	ولا قال لا تسلموا عليه ولا قوموا عنه ولا قال شيئا من ذلك	ولا قال لا تسلموا عليه ولا قوموا عنه ولا قال شيئا من ذلك	ولا قال لا تسلموا عليه ولا قوموا عنه ولا قال شيئا من ذلك
§-45	Ø	Ø	فأنتم مبتدعة إذا فعلتم ذلك	فأنتم مبتدعة إذا فعلتم ذلك	فأنتم مبتدعة إذا فعلتم ذلك

	A	T	B	F	H
§-46	فإن قالوا: إنما كفرنا القائل بخلق القرءان لأن أئمة السلف كفروه. قلنا: إذا لم يرو عن النبي عليه السلام حكم في ذلك فلم كفروه وهلا سكتوا عنه كما سكت عنه رسول الله؟ كان عالماً بالمنافقين بأعيانهم ومع ذلك كان يجري عليهم حكم المسلمين. فإذا لم يتكلم في خلق القرءان ولا في نفي خلقه كان الواجب على أئمة السلف أن يقتدوا به في ذلك.	فإن قالوا: أحمدُ قال بتكفير من قال بخَلقه. قيل: فلم لا يسكت أحمد عن ذلك؟	**فإن قالوا:** لأن أحمدُ قال بنفي خلقه وتكفير من قال بخَلقه. **قيل لهم:** ولم لم يسكت أحمد عن ذلك بل تكلم فيه؟	**إن قالوا:** لأن أحمدُ قال بنفي خلقه وتكفير من قال بخَلقه. **قيل لهم:** ولم لم يسكت أحمد عن ذلك بل تكلم فيه؟	**إن قالوا:** لأن أحمدُ قال بنفي خلقه وتكفير من قال بخَلقه. **قيل لهم:** ولم لم يسكت أحمد عن ذلك بل تكلم فيه؟
§-46	ø	**فإن قالوا:** لأن وكيعاً وعبد الرحمن بن مهدي وعبَّاساً العنبري وفلاناً وفلاناً قالوا: غير مخلوق، ومن قال مخلوق فهو كافر. **قيل**: ولِمَ لَمْ يسكت أولئك كما سكت النبيُّ عليه السَّلام عنه؟	**فإن قالوا:** لأن عبَّاساً العنبري وكيعاً وعبد الرحمن بن مهدي وفلاناً وفلاناً قالوا إنه غير مخلوق، ومن قال بأنه مخلوق فهو كافر. **قيل لهم:** ولِمَ لَمْ يسكت أولئك كما سكت عنه رسول الله عليه السَّلام عنه؟	**فإن قالوا:** لأن عبَّاساً العنبري وكيعاً وعبد الرحمن بن مهدي وفلاناً وفلاناً قالوا إنه غير مخلوق، ومن قال بأنه مخلوق فهو كافر. **قيل لهم:** ولِمَ لَمْ يسكت أولئك كما سكت عنه رسول الله عليه السَّلام عنه؟	**فإن قالوا:** لأن عبَّاساً العنبري وكيعاً وعبد الرحمن بن مهدي وفلاناً وفلاناً قالوا إنه غير مخلوق، ومن قال بأنه مخلوق فهو كافر. **قيل لهم:** ولِمَ لَمْ يسكت أولئك كما سكت عنه رسول الله عليه السَّلام عنه؟

§-46	ø	فإن قالوا: لأن عمرو بن دينار وسفيان بن عُيَينة وجعفر بن محمد وفلان وفلان قالوا: لا خالق ولا مخلوق. قيل لهم: ولِمَ لَمْ يسكت أولئك عن تلك المقالة، ولم يقلها النبيُّ عليه السَّلام؟	فإن قالوا: لأن عمرو بن دينار وسفيان بن عُيَينة وجعفر بن محمد وفلان وفلان قالوا: ليس بخالق ولا مخلوق. قيل لهم: ولِمَ لَمْ يسكت أولئك عن هذه المقالة، ولم يقلها رسول الله صلى الله عليه وسلم؟	فإن قالوا: لأن عمرو بن دينار وسفيان بن عُيَينة وجعفر بن محمد وفلان وفلان قالوا: ليس بخالق ولا مخلوق. قيل لهم: ولِمَ لَمْ يسكت أولئك عن هذه المقالة، ولم يقلها رسول الله صلى الله عليه وسلم؟	فإن قالوا: لأن عمرو بن دينار وسفيان بن عُيَينة وجعفر بن محمد وفلان وفلان قالوا: ليس بخالق ولا مخلوق. قيل لهم: ولِمَ لَمْ يسكت أولئك عن هذه المقالة، ولم يقلها رسول الله صلى الله عليه وسلم؟
§-46	ø	وهكذا الجواب إن أحالوا على قول صحابي	فإن أحالوا ذلك على صحابي أو جماعة منهم كان ذلك مكابرة فإنه يقال لهم: فلم لم يسكنوا عن ذلك ولم يتكلم فيه النبي ولا قال: كفروا قائله؟	فإن أحالوا ذلك على صحابي أو جماعة منهم كان ذلك مكابرة فإنه يقال لهم: فلم لم يسكنوا عن ذلك ولم يتكلم فيه النبي ولا قال: كفروا قائله؟	فإن أحالوا ذلك على الصحابة أو جماعة منهم كان ذلك مكابرة فإنه يقال لهم: فلم لم يسكنوا عن ذلك ولم يتكلم فيه النبي ولا قال: كفروا قائله؟
§-46	للعلماء	للعالم	للعلماء	للعالم	للعلماء
§-46	قيل: فهذا أردنا منكم	قيل: فهذا الذي أردنا منكم	قيل لهم: فهذا الذي أردناه منكم	قيل لهم: فهذا الذي أردناه منكم	قيل لهم: هذا الذي أردناه منكم

	A	T	B	F	H
§-46	فلم أضربتم عن علم الكلام ومنعتموه	فلم منعتم الكلام	فلم منعتم الكلام	فلم منعتم الكلام	فلم منعتم الكلام
§-46	وهؤلاء|يتكلمون	فأنتم|إن شئتم|تكلمتم|	فأنتم|إن شئتم|تكلمتم|	فأنتم|إن شئتم|تكلمتم|	فأنتم|إن شئتم|تكلمتم|
§-46	|انقطعوا|قالوا	انقطعتم|قلتم	انقطعتم|قلتم	انقطعتم|قلتم	انقطعتم|قلتم
§-46	|ويقلدون|قبلهم	وإن شئتم| قلدتم|قبلكم	وإن شئتم| قلدتم|قبلكم	وإن شئتم| قلدتم|قبلكم	وإن شئتم| قلدتم|قبلكم
§-46	بلا حجة ولا برهان	بلا حجة	بلا حجة ولا بيان	بلا حجة ولا بيان	بلا حجة ولا بيان
§-46	ø	هذه شهوة وتحكم	وهذه شهوة وتحكم	وهذه شهوة وتحكم	وهذه شهوة وتحكم
§-47	ثم يُقال لهم: فالنبيُّ صلى الله عليه وسلم لم يتكلم في الدَّوْر والوصايا ولا في حساب المناسخات	يُقال لهم: والنبيُّ عليه السَّلام لم يتكلم في الدَّوْر والوصايا، ولا في العتق والدَّيْن، ولا في حساب المناسخة	ثم يُقال لهم: والنبيُّ عليه السَّلام لم يتكلم في الدَّوْر والوصايا، والوصايا، ولا في العتق، ولا في حساب المناسخات	ثم يُقال لهم: والنبيُّ عليه السَّلام لم يتكلم في الدَّوْر والوصايا، ولا في العتق، ولا في حساب المناسخات	ثم يُقال لهم: والنبيُّ عليه السَّلام لم يتكلم في النذور والوصايا، ولا في العتق، ولا في حساب المناسخات
§-48	فيلزمكم أن تحكموا عليه بالبدعة إذ فعلوا ما لم يفعله رسول الله.	فيلزم أن يكونوا مبتدعة؛ إذ فعَلوا ما لم يفعله النبيُّ عليه السَّلام، وقالوا ما لم يقله، وقالوا بتكفير القائلين بخَلْق القرآن، ولم يقله النبيُّ صلى الله عليه وسلم	فيلزمكم أن يكونوا مبتدعة ضلالا؛ إذ فعَلوا ما لم يفعله النبيُّ عليه السَّلام، وقالوا ما لم يقله النبي نصاً بعينه، وصنفوا ما لم يصنفه النبي، وقالوا بتكفير القائلين بخَلْق القرآن، ولم يقله النبيُّ صلى الله عليه وسلم	فيلزمكم أن تكونوا مبتدعة ضلالا؛ إذ فعَلتم ما لم يفعله النبيُّ عليه السَّلام، وقالوا ما لم يقله النبي نصاً بعينه، وصنفوا ما لم يصنفه النبي، وقالوا بتكفير القائلين بخَلْق القرآن، ولم يقله النبيُّ صلى الله عليه وسلم	فيلزمكم أن يكونوا مبتدعة ضلالا؛ إذ فعَلوا ما لم يفعله النبيُّ عليه السَّلام، وقالوا ما لم يقله النبي نصاً بعينه، وصنفوا ما لم يصنفه النبي، وقالوا بتكفير القائلين بخَلْق القرآن، ولم يقله النبيُّ صلى الله عليه وسلم
	ø	ø	وفيما ذكرنا كفاية لكل عاقل غير معاند	وفيما ذكرنا كفاية لكل عاقل غير معاند	وفيما ذكرنا كفاية لكل عاقل غير معاند
§-49	انتهى كلام أبي الحسن رضي الله عنه في هذا الباب	تم والحمد لله		آخره	نجز

7 La place d'*al-Ḥathth ʿalā l-baḥth* dans l'œuvre d'al-Ashʿarī

Avant de discuter plus en détail de la position du *Ḥathth* dans la production intellectuelle d'al-Ashʿarī, il est important de rappeler que l'attribution du traité à celui-ci n'a pas toujours été évidente.

Dans son deuxième article sur la place d'al-Ashʿarī et des Ashʿarites dans l'histoire de l'islam, Makdisi s'interroge sur le rôle réel qu'a pu avoir Abū l-Ḥasan sur le développement de la doctrine éponyme[74]. Estimant que ce texte et un autre tel *al-Ibāna* reflètent deux personnalités trop différentes (celle d'un rationaliste pour le premier, d'un traditionnaliste pour le second) pour que leur auteur respectif soit une seule et même personne, Makdisi émet de sérieux doutes quant à l'attribution du second à al-Ashʿarī[75]. La raison principale est, d'après lui, que, sur plusieurs siècles après al-Ashʿarī, les Ashʿarites eux-mêmes ne semblent pas avoir connu le texte. Makdisi en veut pour preuve le fait qu'aucune mention du texte n'est faite ni par Ibn ʿAsākir et ni par al-Subkī. Le livre n'apparaît pas non plus dans la liste des écrits d'al-Ashʿarī qu'Ibn ʿAsākir fait remonter à Ibn Fūrak. Or, si al-Ashʿarī avait bel et bien écrit tel livre, les Ashʿarites, mais aussi leur adversaires anti-*kalām*, n'auraient pas manqué de le signaler. Par ailleurs, toujours d'après Makdisi, le ton et les thématiques mobilisées dans le texte font pencher vers l'idée que ce texte est en fait postérieur à al-Ashʿarī.

Les travaux postérieurs, principalement ceux de Frank, ont permis de contester, voire invalider, certains arguments de Makdisi. Le texte semble bel et bien avoir été connu chez les Ashʿarites postérieurs. Frank l'a montré avec Abū l-Qāsim al-Anṣārī, un savant d'Orient, nous le montrons avec al-Ṭurṭūshī, un savant d'Occident. Plus encore, contrairement à ce que Makdisi avançait, Ibn ʿAsākir a bel et bien cité le texte, non pas sous le titre *Istiḥsān al-khawḍ fī ʿilm al-kalām*, mais plutôt sous celui d'*al-Ḥathth ʿalā l-baḥth*. Voici ce que déclare Ibn ʿAsākir après avoir mentionné l'inventaire des œuvres d'al-Ashʿarī écrit par Ibn Fūrak[76] :

> J'ai eu accès à d'autres titres qu'il n'a pas mentionné. Parmi eux : l'épître de l'*Exhortation à l'investigation* (*al-Ḥathth ʿalā l-baḥth*).

74 Makdisi, «Ashʿarī and the Ashʿarītes in Islamic Religious History II», *Studia Islamica*, n°18(1963), pp. 19-39.

75 Makdisi, «Ashʿarī and the Ashʿarītes in Islamic Religious History II», pp. 22–26.

76 Ibn ʿAsākir, *Tabyīn kadhib al-muftarī*, Beyrouth, Dār al-Kitāb al-ʿarabī, 1984, p. 136.

https://doi.org/10.1515/9783112233887-007

Pour autant, il est vrai que nous ne disposons d'aucune source signalant l'existence de ce texte ou sa circulation dans la période directement consécutive à la mort d'al-Ashʿarī. Frank lui-même reconnaît qu'il est impossible de montrer si l'auteur du *Ḥathth* est bien al-Ashʿarī ou plutôt Abū l-Ḥasan al-Ṭabarī[77]. Ibn ʿAsākir nous dit lui-même que le titre est absent de la liste d'Ibn Fūrak. Se borner aux seules mentions du texte peut laisser croire qu'*al-Ḥathth ʿalā l-baḥth* est « sorti de nulle part » au début du VIème/XIIème siècle. Si l'on ajoute à cela que la chronologie des deux transmissions du texte (celles d'al-Anṣārī et al-Ṭurṭūshī) corresponde à la fin de vie, voire au décès d'al-Ghazālī, on pourrait voir en le *Ḥathth* un ouvrage forgé de toute pièce, rédigé dans le but de réhabiliter le *kalām* après le succès du *Iḥyā* d'al-Ghazālī.

Je ne crois pas qu'il soit pertinent d'être si radical. De façon générale, des villes comme Bagdad ou Nishapur ont connu une série de bouleversements politiques favorisant des émeutes violentes conduisant généralement à la mise à sac de bibliothèques, incluant la destruction, sinon la disparition de manuscrits, parmi lesquels sans doute des textes d'al-Ashʿarī. Ibn al-ʿArabī nous rappelle[78] par exemple de vives confrontations publiques ayant opposé Abū l-Ḥasan au gouverneur de Bassorah, Ibn Warqā'. Ce type de crispation a pu entraîner une censure de ses textes. Ce même Ibn al-ʿArabī nous signale que le vizir al-Ṣāḥib Ibn ʿAbbād, souvent classé parmi les Muʿtazilites, déboursa dix mille dinars au conservateur de la bibliothèque du califat ʿabbāsside afin d'y mettre le feu et faire disparaître de nombreux textes précieux, parmi lesquels l'unique exemplaire du *Mukhtazan*, une exégèse coranique en cinq-cents tomes rédigée par al-Ashʿarī[79]. La fameuse pétition anti-ashʿarite ayant poussé al-Juwaynī à quitter Nishapur a pu aussi entraîner la disparition des textes d'Abū l-Ḥasan en particulier.

Ensuite, la liste d'Ibn Fūrak ne doit pas constituer la seule autorité absolue sous le simple prétexte que c'est la seule qui nous soit parvenue. Cette même liste inclue des textes disparus à l'époque d'Ibn ʿAsākir. En outre, rien n'indique qu'elle soit exhaustive.

Il ne faut pas non plus tomber dans un écueil. Il convient de ne pas appréhender l'ashʿarisme comme une école doctrinale rigide à la manière des écoles juridiques, où l'activité première des affiliés consisterait en la transmission scrupuleuse des textes du fondateur. Loin d'un modèle fondé sur le *taqlīd* ou la répétition figée, l'école ashʿarite s'apparente davantage à une méthodologie argumentative qu'à un corpus clos. Al-Ashʿarī n'a pas légué un système dogmatique achevé, mais un cadre

---

77 Frank, p. 99.

78 Ibn al-ʿArabī, *al-ʿAwāṣim min al-Qawāṣim*, éd. Ṭālbī, Le Caire, Dār al-turāth, s-d, p. 71.

79 *al-ʿAwāṣim*, p. 72.

de réflexion à l'intérieur duquel ses successeurs ont pu penser librement, parfois même en dissonance avec certaines de ses propres positions.

C'est dans cet esprit que s'inscrit la production théologique d'auteurs comme al-Bāqillānī ou Ibn Fūrak, dont les œuvres ne relèvent pas tant du commentaire ou de la transmission fidèle que de l'élaboration de traités originaux, développant et affinant l'héritage du maître indirect. Certes, Ibn Fūrak a consacré un ouvrage à l'extraction et la synthèse de la doctrine d'al-Ashʿarī — le *Mujarrad maqālāt al-Ashʿarī* — mais cette entreprise elle-même s'inscrit dans une démarche de reconstruction analytique, et non de vénération canonique.

Dès lors, le fait que les textes d'al-Ashʿarī aient été peu ou pas enseignés directement par ses disciples ne saurait être invoqué comme preuve de leur inexistence. Il est au contraire tout à fait plausible que certains écrits aient été délaissés dans la transmission, non par rejet, mais parce que l'intérêt se portait ailleurs : sur l'expansion du débat, la réponse à de nouveaux adversaires, ou encore l'évolution des enjeux théologiques. La vitalité de l'ashʿarisme ne réside pas dans la conservation d'un legs figé, mais dans la capacité critique de ses représentants à le faire évoluer, quitte à reprendre, dans certains cas, des positions plus proches des Muʿtazilites que de leur propre fondateur.

Cette autonomie intellectuelle, fondée sur la critique raisonnée, explique aussi pourquoi le *taqlīd* fut souvent mal vu dans ces milieux : l'autorité d'un maître n'interdisait jamais de repenser les arguments, ni de les dépasser. L'ashʿarisme naissant est donc moins une tradition de commentaires qu'un espace de débat, dont les textes perdus ou absents ne témoignent pas d'un manque, mais d'un processus dynamique de sélection, d'oubli et de création.

Si la question de l'attribution du texte à al-Ashʿarī mérite une étude consacrée, elle sera de toute façon mise à mal par la pauvreté des données disponibles. Rustum Mahdī, qui a traduit *al-Ḥathth* en azéri, est revenu en introduction sur la question[80].

Nous ne souscrivons pas à toutes ses affirmations. Il est dommage par exemple de persister à conserver le titre injustifié d'*Istiḥsān al-khawḍ fī ʿilm al-kalām* après le travail de Frank, que Mahdī ne semble pas avoir lu. Malgré tout, certaines de ses observations méritent qu'on s'y attarde.

La première concerne la place du *Ḥathth* dans la chronologie des textes d'al-Ashʿarī. Frank postulait que le traité était une réponse à un des leaders ḥanbalites de Bagdad, al-Bahbahārī, qui avait refusé de voir en le livre *al-Ibāna* une preuve de l'orthodoxie sunnite d'al-Ashʿarī[81]. En d'autres termes : *al-Ḥathth* était pour Frank

80 Nous n'avons pas pu accéder au livre, mais Mahdī a publié sur son compte Academia une traduction arabe de son étude de l'attribution.

81 Frank, p. 99.

postérieur au *Ibāna*, soit donc l'un de ses derniers livres d'al-Ashʿarī. Or, ce que fait remarquer Mahdī, et qui semble avoir échappé à Frank, est que le savant transmettant le traité d'al-Ashʿarī directement est, tel qu'apparaissant dans recensions du texte comportant un *sanad*, Abū l-Ḥasan ʿAlī b. Muḥammad b. al-Mahdī al-Ṭabarī. Or, si l'on en croit les *Ṭabaqāt* d'al-Tāj al-Subkī, ʿAlī b. Muḥammad était le disciple d'al-Ashʿarī à l'époque où celui-ci était encore à Bassorah, soit bien avant son arrivée à Bagdad[82]. Pour autant, je ne crois pas que cette donnée seule puisse suffire à affirmer qu'*al-Ḥathth* n'est pas une réponse à al-Bahbahārī. Par ailleurs, un livre peut connaître « plusieurs vies » : entre son écriture par son auteur propre, puis son enseignement, puis sa reproduction des générations plus tard, il est tout à fait envisageable qu'un livre écrit à Bassorah ait pu connaître une seconde notoriété ultérieure. C'est en tout cas attesté pour certains livres d'al-Ashʿarī, comme le *Naqḍ ʿalā l-Jubbāʾī*, recopié après sa mort par Ibn Fūrak[83]. Il n'empêche que la question n'est pas aussi évidente que le laisse entendre Frank. L'énigme reste donc entière.

Concernant l'argument de Makdisi et d'autres, selon lequel le ton et style du *Ḥathth* est en rupture avec ceux des autres textes d'al-Ashʿarī, on doit à Mahdī d'avoir brillamment prouvé son invalidité, et ce, en relevant dans le texte des passages quasi-identiques à d'autres tirés du *Lumaʿ*.

Pour saisir l'importance de la dernière remarque de Mahdī, il faut avoir à l'esprit une réalité qui peut échapper au philologue tentant de reconstituer l'œuvre complète d'un savant : l'ambivalence du mot *kitāb*, qui désigne certes un livre rédigé à part entière, mais qui peut également renvoyer au chapitre d'un ouvrage plus grand.

Dressant sa liste des ouvrages d'al-Ashʿarī auxquels celui-là même renvoie le lecteur dans son *ʿUmad*, Ibn Fūrak[84], cité par Ibn ʿAsākir, s'attarde sur un certain *Kitāb al-Fuṣūl*, qu'il décrit ainsi[85] :

> C'est un grand livre composé de douze chapitres (*ithnay ʿashar kitāban*), dont le premier porte sur le bien-fondé de l'examen rationnel et de l'autorité de la raison, suivi d'une réfutation à ceux qui l'ont blâmé.

Mahdī suppose un lien hypothétique entre ce livre et le *Ḥathth* (qu'il appelle *Istiḥsān*) et envisage deux possibilités :

82 Subkī (al-), *Ṭabaqāt al-Shāfiʿiyya al-kubrā*, Le Caire, Hujar li l-ṭibāʿa wa-l-nashr wa-l-tawzīʿ, 1992, III, p. 466.
83 *Tabyīn*, p. 128.
84 Le propos de Mahdī fait la confusion entre Ibn ʿAsākir et Ibn Fūrak. C'est bien le second, et non le premier, qui a eu accès au *ʿUmad*, et c'est donc lui le narrateur dans le passage du *Tabyīn*.
85 *Tabyīn*, p. 128.

- Soit notre traité est en fait le premier chapitre des *Fuṣūl*
- Soit il en est un résumé.

Mahdī penche plus pour la seconde, et en veut pour preuve ce même passage du *Tabyīn* indiquant que dans ce *Kitāb al-Fuṣūl*, al-Ashʿarī réplique à Ibn Rāwandī au sujet de la question de l'adventicité du monde. Or, cette question étant absente dans le traité, il ne peut donc s'agir que d'un résumé.

Les arguments cités par Mahdī me permettent, à la lumière des apports de la recension d'al-Ṭurṭūshī, de développer ici ma propre supposition.

D'abord, son objection par la réplique à Ibn Rāwandī n'est pas suffisante pour invalider l'hypothèse que le *Ḥathth* soit le premier chapitre intégral des *Fuṣūl*. Le premier chapitre du livre *al-Fuṣūl* est censé traiter de la même thématique. Le fait qu'il existe dans les *Fuṣūl* une discussion autour de la question de l'adventicité du monde (*ḥudūth al-ʿālam*)[86] n'implique en rien que celle-ci se trouve nécessairement dans le premier chapitre, surtout que celui-ci n'y est pas consacré.

Ensuite, le passage d'un texte à son abrégé s'accompagne de ce qui doit l'indiquer dans le titre, les termes privilégiés étant ceux de *mukhtaṣar, talkhīṣ, khulāṣa*, ou encore *tahdhīb*. Or rien de cela n'apparait.

J'ai déjà remarqué plus haut que dans la recension d'Abū l-Qāsim al-Anṣārī, l'épître d'al-Ashʿarī est introduite[87] par : *wa-qad qāl Abū l-Ḥasan fī kitābih al-mutarjam bī l-Ḥathth ʿalā l-baḥth* (« Abū l-Ḥasan a en effet dit dans son livre intitulé *l'Encouragement à l'investigation* ») et se clôture par[88] : *intahā kalām Abī l-Ḥasan fī hādhā l-bāb* (« Fin de citation d'al-Ashʿarī concernant ce chapitre »).

Je ne prétends pas qu'il s'agisse d'un argument majeur, mais l'expression « *fī kitābih al-mutarjam* » laisse une place, même mince, à une interprétation potentielle de *kitāb* par chapitre et non livre, tout comme l'a fait Ibn Fūrak qui a nommé ainsi les douze chapitres du livre. Par ailleurs, de ma modeste expérience, sans prétendre qu'il s'agisse d'une règle absolue, le terme *tarjama* semble majoritairement réservé aux titres internes aux livres. C'est ainsi que les noms de chapitre du *Ṣaḥīḥ* d'al-Bukhārī sont appelés *tarājim*, de même que les entrées à l'intérieur des dictionnaires d'arabe. Enfin, la phrase de clôture d'al-Anṣārī « *fī hādha l-bāb* », doit attirer l'attention ; il aurait tout à fait pu dire « *fī hādha l-kitāb* » par exemple. Si ces trois éléments sont, pris chacun indépendamment, des arguments plutôt faibles, la somme des trois devient déjà plus convaincante.

---

86 J'emprunte cette traduction et surtout ses déclinaisons (« adventé » pour *ḥādith* ou *muḥdath*) à Daniel Gimaret. Voir : *La doctrine d'al-Ash'arī*, Paris, Editions du Cerf, 1990, p. 27.

87 *Ghunya*, p. 260.

88 *Ghunya*, p. 268.

La recension d'al-Ṭurṭūshī permet enfin d'appuyer plus franchement cette hypothèse. D'abord, le début du texte a de quoi interpeller le lecteur : la recension s'ouvre par *thumma inna ṭā'ifa.* Un texte ne commence jamais par cette conjonction sensée lier le propos d'après à un autre antérieur. On peut donc penser qu'il s'agit d'un extrait d'un texte plus vaste. Ensuite, un élément présent dans cette recension que l'on ne trouve nulle part ailleurs est qu'elle présente une classification en sections (*fuṣūl*). En effet, plusieurs passages sont précédés d'un *faṣl* absent des autres recensions. Il est difficile de ne pas voir ici un lien avec le titre du livre d'al-Ashʿarī *al-Fuṣūl.* La recension d'al-Ṭurṭūshī commence par ailleurs par un *bāb fī ithbāt al-naẓar fī l-uṣūl wa-l-ḥathth ʿalā ṭalab al-ʿulūm* (sous-chapitre du bien-fondé de l'examen des fondements et de l'exhortation à la quête des sciences) qui n'apparaît dans aucune des autres copies. Ce *bāb* doit nous interpeller : l'existence d'un *bāb* implique d'autres *abwāb* sensés composer ce texte. Sinon, quel est l'intérêt de cette classification ? La ressemblance entre l'intitulé de ce *bāb* et le premier chapitre des *Fuṣūl* décrit par Ibn Fūrak est pour le moins frappante. Ainsi, on pourrait voir en *al-Fuṣūl* un texte volumineux de douze chapitres (*kitāb*), chaque chapitre regroupant plusieurs sous-chapitres (*bāb*), et chaque *bāb* renfermant plusieurs *fuṣūl.*

Ce qui m'amène à supposer la théorie suivante : Abū l-Ḥasan al-Ṭabarī a extrait des *Fuṣūl* d'al-Ashʿarī le premier *bāb* du premier *kitāb*, qui était sans doute intitulé *Kitāb al-Ḥathth ʿalā l-baḥth.*

Déjà, c'est parfaitement cohérent avec la phrase de fin d'Abū l-Qāsim al-Anṣārī : *intahā kalām Abī l-Ḥasan fī hādhā l-bāb.* Ensuite, Je prétends que cette théorie permet de concilier toutes les théories antérieures et résout les problèmes soulevés. Ainsi, ni ceux qui estimaient l'ouvrage rédigé à l'époque d'al-Ashʿarī ni ceux qui le jugeaient tardif n'avaient tout à fait tort : le contenu est bien d'époque, mais la sélection est effectivement postérieure. Quant au doute de Frank sur l'auteur réel du texte, à savoir al-Ashʿarī ou Abū l-Ḥasan al-Ṭabarī, et bien tous les deux le sont, « chacun à sa façon » : le premier comme rédacteur du contenu, le second comme responsable de son « extraction » des *Fuṣūl.*

Reste enfin le problème soulevé par Mahdī, à savoir que le fait qu'Abū l-Ḥasan al-Ṭabarī ait fréquenté al-Ashʿarī à l'époque où il était encore à Bassorah n'allait pas de pair avec l'idée que ce texte ait pu être une réponse de ce dernier à al-Bahbahārī, soit dans sa période bagdadienne. Il est tout à fait possible qu'Abū l-Ḥasan al-Ṭabarī ait copié *Kitāb al-Fuṣūl* à Bassorah, puis que le passage des *Fuṣūl* au *Ḥathth* ait été effectué aussitôt, ou ultérieurement, peut-être à la demande d'al-Ashʿarī lui-même, et peut-être par Abū l-Ḥasan al-Ṭabarī lui-même ou un tiers.

On peut aussi spéculer à partir de la similitude entre le titre du traité et du *bāb*, pour supposer que le titre *al-Ḥathth ʿalā l-baḥth* est le résultat d'une abréviation progressive du titre du *bāb*, jugé trop long.

Et si ce tiers était finalement contemporain d'al-Ṭurṭūshī et d'al-Anṣārī ? Cela reste peu probable, car ça signifierait qu'*al-Fuṣūl* était disponible à cette période, ce qui n'aurait pas manqué d'être signalé par Ibn ʿAsākir. En revanche, il est envisageable que l'abréviateur ait vécu une ou deux générations avant eux. Mais la présence du nom d'al-Ṭabarī en bout de *sanad* porte bien à croire qu'il est l'initiateur de la transmission du texte ou de son fragment.

L'insertion intégrale de l'épître d'al-Ashʿarī *al-Ḥathth ʿalā l-baḥth* par deux auteurs contemporains du début du VIème/XIIème siècle, Abū Bakr al-Turtūshī et Abū l-Qāsim al-Ansārī, et ce, à une période correspondant à la fin de la vie d'al-Ghazālī ou juste après sa mort (1111), ne peut être un simple hasard. Il faut explorer plusieurs axes pour comprendre ce phénomène.

D'une part, al-Ghazālī, tout en restant dans le giron de l'ashʿarisme, a pris ses distances avec le *kalām*, qu'il juge insuffisant pour mener à la certitude ultime. Son influence sur les cercles intellectuels et religieux a été considérable, en raison de son parcours personnel et de son prestige dans le monde sunnite. L'*Iḥyāʾ* propose une alternative où la connaissance spirituelle (et la purification de l'âme via le soufisme) prime sur la démonstration rationnelle du *kalām*. Le *kalām* est en plus resté critiqué par les Ḥanbalites, qui défendent une vision plus littéraliste et opposée aux spéculations rationnelles. En parallèle, les héritiers d'Avicenne tentent de dépasser le *kalām* en intégrant des éléments de la philosophie néoplatonicienne.

Face à ces défis, les défenseurs du *kalām* doivent réagir pour en affirmer la pertinence. C'est dans ce contexte que se sont inscrit al-Ansārī et al-Turtūshī, avec comme réponse un texte clé dans la défense du *kalām*, attribué au fondateur de l'ashʿarisme. L'insertion de ce texte dans *al-Ghunya* (d'al-Ansārī) et *al-Asrār wa-l-ʿIbar* (d'al-Turtūshī) peut avoir plusieurs implications. Réaffirmer l'autorité d'al-Ashʿarī contre al-Ghazālī, surtout après la mort de celui-ci. En insérant cette épître, ces auteurs reviennent à l'autorité fondatrice de l'ashʿarisme pour contrer les critiques d'al-Ghazālī sur le *kalām*. Cela permet d'ancrer leur défense du *kalām* dans une continuité doctrinale légitime, en s'appuyant sur la figure même d'al-Ashʿarī. Il s'agit aussi de répondre aux traditionalistes et aux soufis extrémistes. Car l'épître d'al-Ashʿarī est aussi une réponse aux traditionalistes qui rejettent le *kalām* au nom du retour aux sources scripturaires pures. En période de montée du soufisme (notamment après al-Ghazālī), certains milieux considèrent la spéculation rationnelle comme inutile voire nuisible à la foi. L'insertion du texte d'al-Ashʿarī permet donc de contrecarrer cette vision et de montrer que la défense rationnelle de la foi est un devoir.

Existait-t-il un lien direct entre al-Ansārī et al-Turtūshī ? La simultanéité de leurs écrits est troublante, et plusieurs hypothèses peuvent être avancées pour expliquer ce phénomène. D'abord, un climat intellectuel commun plutôt qu'un contact direct. Al-Turtūshī est un mālikite d'Andalousie qui s'installe en Orient, notamment à Alexandrie. Al-Ansārī est un théologien ashʿarite qui a étudié sous la direction de Juwaynī, le maître d'al-Ghazālī. Rien n'indique qu'ils aient été en contact direct, mais ils évoluent dans un contexte où la défense du *kalām* devient un enjeu central. Ensuite, ils ont pu être liés par un réseau de transmission indirecte. Certains cercles enseignants, notamment en Irak et en Égypte, auraient pu promouvoir cette réaction face aux critiques d'al-Ghazālī. L'insertion du même texte à la même époque pourrait traduire une réaction simultanée à un même problème (peut être une certaine forme de rejet du *kalām* provoquée par le succès du *Iḥyāʾ* al-Ghazālī). Cette convergence peut être également spontanée plutôt que le fruit d'une influence mutuelle directe.

Elle marque une rupture avec la trajectoire d'al-Ghazālī, et traduit une volonté de repositionner le *kalām* après le scepticisme ghazalien. Al-Ghazālī n'a pas rejeté le *kalām*, mais en relativisant son importance, il a pu ouvrir la voie à une diminution de son influence dans certaines écoles. Sous couvert d'une réponse à leurs adversaires « classiques », mentionner ce texte est donc avant tout une réponse à al-Ghazālī.

8 Le commentaire d'al-Ṭurṭūshī : une réponse à al-Ghazālī ou aux Mālikites hostiles à l'ashʿarisme ?

Le commentaire d'al-Ṭurṭūshī a le double du volume du *Ḥathth.* Dans son introduction de l'épître d'al-Ashʿarī, al-Ṭurṭūshī avait annoncé son intention de la faire succéder (*uʿaqqib*) d'un propos éloquent, approfondi à l'extrême, dans lequel je réfute les Ḥashawiyya.

Le terme *uʿaqqib* (« je vais commenter juste après / apporter des remarques postérieures »), éclaire d'emblée la nature spécifique de son entreprise. Le mot *taʿqīb* vient de la racine ʿ–q–b, qui a le sens de « venir après », « suivre », et par extension « commenter », « reprendre un propos pour le prolonger, le nuancer ou le corriger ».

Le *taʿqīb* est un commentaire réactif et engagé. Il ne vise pas à déplier passivement un texte source, mais à y répondre, à y ajouter des remarques, à le prolonger ou le corriger (ce n'est pas le cas ici), parfois même à s'en distancier partiellement. Il peut contenir des explications, mais aussi des critiques, des contextualisations, ou des suppléments.

Dans ce cas précis, c'est précisément de suppléments qu'il s'agit. Certes, al-Ṭurṭūshī reprend l'ordre de lecture du traité et le paraphrase allégrement, car l'idée est avant tout de rappeler l'autorité d'al-Ashʿarī et s'effacer derrière celle-ci. Nous n'analyserons donc pas linéairement ce commentaire, mais tenterons ici d'en dégager quelques spécificités.

Ainsi, comme annoncé en introduction, le propos est d'emblée orienté contre les Ḥashawiyya, là où al-Ashʿarī s'était accommodé d'un *ṭāʾifa min al-nās* (« un groupe de gens ») pour désigner ses adversaires. Ceci oblige al-Ṭurṭūshī de définir ce groupe et l'étymologie de leur appellation, ce qui est totalement absent du texte d'al-Ashʿarī.

L'élément majeur qu'a ajouté al-Ṭurṭūshī est bien sûr sa déconstruction de propos blâmant le *kalām* attribués à des figures d'autorité du sunnisme : al-Shāfiʿī, Sufyān b. ʿUyayna et surtout Mālik, le plus cité dans le texte. On peut légitimement être surpris que dans son texte spécifiquement écrit pour faire l'apologie du *kalām*, al-Ashʿarī n'ait même pas abordé ce point si sensible. Car les figures citées ne sont pas clivantes ; elles ne sont pas affiliées à des sectes, et ont incarné, pour des savants comme al-Ashʿarī, des symboles de l'orthodoxie sunnite. Et ceci, sans même aborder la filiation supposée d'al-Ashʿarī au shāfiʿisme ou au mālikisme. Il s'agit donc d'arguments d'autant plus redoutables de la part de sceptiques du *kalām*. D'aucuns pourraient même s'appuyer sur ce silence d'al-Ashʿarī pour affirmer que ces propos aient pu être forgés *a posteriori*, ce que nous ne ferons pas ici, car cela nécessiterait une enquête poussée fastidieuse qui nous éloignerait de notre sujet.

https://doi.org/10.1515/9783112233887-008

C'est donc ce vide qu'ambitionne de combler al-Ṭurṭūshī. Sa réponse se fait en deux temps.

Dans un premier temps, il s'agit pour le commentateur de montrer que *kalām* est un terme générique mouvant au fil des époques, qui a pu renvoyer à deux choses tout à fait différentes : tantôt à la théologie spéculative permettant de défendre l'islam par la raison, tantôt au développement d'une rationalité hétérodoxe. C'est le contexte historique qui permet de déterminer l'assertion voulue : dans un contexte où un savant comme al-Shāfiʿī ou Mālik était opposé à une secte, son blâme du *kalām* portait donc spécifiquement aux spéculations de ces sectes qu'il jugeait égarées et que rassemblait l'appellation de « gens des passions déviantes » (*ahl al-ahwāʾ*). En fait, si l'on en croit al-Ṭurṭūshī, le terme *kalām* a pu avoir une charge sémantique similaire à la *bidʿa* telle que pensée par les Ashʿarites tardifs : il y a de bonnes et de mauvaises *bidʿa*, et le terme, quand il est rapporté, peut désigner l'un ou l'autre selon le contexte. Ainsi, il y a donc un *kalām* qui serait *bon* et un autre qui serait *mauvais*, et c'est le contexte qui permet de déterminer la connotation négative ou positive du terme quand il est rapporté. Notons que cette dualité va de pair avec la métaphore d'un certain al-Ghazālī lui-même, qui, comme on le verra, assimilait le *kalām* à un médicament qui pouvait conduire, selon le patient, le médecin ou la posologie, soit à la guérison soit à l'aggravement de la maladie.

En second temps, pour montrer que ses propos de Mālik ou al-Shāfiʿī ne doivent pas être pris comme une interdiction du *kalām* dans l'absolu, al-Ṭurṭūshī rappelle que ces mêmes figures pratiquaient elles-mêmes ce qui s'apparente à une forme de *kalām* : Mālik ou al-Shāfiʿī par exemple ne se sont pas abstenu de répondre à leur adversaire sur des questions de théologie, mais se sont bien au contraire engagés dans des débats contre eux.

Quand on lit ces citations problématiques, et la prééminence des références à Mālik, on serait tentés de croire qu'al-Ṭurṭūshī répond à des Ḥashawiyya mālikites, au même titre qu'un Ibn al-Jawzī a pu s'adresser aux anthropomorphistes ḥanbalites. Pourtant, le postulat de départ est que la cible d'al-Ṭurṭūshī, c'est essentiellement al-Ghazālī, ou, pour être plus précis, son *Iḥyāʾ*.

Revenir au livre d'al-Ghazālī nous a permis de nous en rendre compte. L'*Iḥyāʾ* s'ouvre sur un premier chapitre intitulé *Qawāʿid al-ʿaqāʾid* consacré à la croyance. La deuxième section[89] porte sur les différents degrés de croyance, entre celle de la masse, celle de l'élite des vertueux etc. Ce qui amène al-Ghazālī à la fameuse question :

89 Ghazālī (al-), *Iḥyāʾ ʿulūm al-dīn*, Beyrouth, Dār al-Maʿrifa, I, pp. 94–95.

> Si tu me demandes : apprendre la dialectique et le *kalām* est-il blâmable, au même titre que l'astrologie, ou bien est-il autorisé ou recommandé ? Alors sache que les gens se sont radicalisés à ce sujet en deux extrêmes : un camp qui le considère comme une innovation ou interdite et estime qu'il vaut mieux pour l'esclave de trouver Dieu avec tous les péchés sauf le polythéisme que d'avoir pratiqué du *kalām*, et un camp avançant qu'il s'agit d'un devoir obligatoire, qui peut être tantôt communautaire, tantôt personnel, et qu'il s'agit de la plus grande des adorations. Ont opté pour l'interdiction : al-Shāfiʿī, Mālik, Aḥmad b. Ḥanbal, Sufyān et l'ensemble des gens du *ḥadīth* du Salaf.

Puis s'en suite une très longue série de citations (sur deux pages) parmi lesquelles figurent plusieurs citations à l'identique de celles mentionnées par al-Ṭurṭūshī, par moment dans le même ordre. Après quoi al-Ghazālī prend position[90] :

> Sache que le blâmer ou le louer dans l'absolu, quelle que soit la situation, est une erreur.

Puis al-Ghazālī développe son propos tout en nuance, assimilant, comme on l'a vu plus haut, le *kalām* à un médicament, qui peut, selon l'usage, le dosage, l'état du patient et l'aptitude du soignant, être nuisible ou profitable.

S'il apparaît qu'al-Ghazālī n'est pas un farouche anti-*kalām*, quelle urgence motive donc tant al-Ṭurṭūshī à lui répondre ?

La présence des citations problématiques attribuées à Mālik, al-Shāfiʿī et Aḥmad b. Ḥanbal dans le *Iḥyāʾ ʿulūm al-dīn* d'al-Ghazālī constitue le nœud caché de la controverse à laquelle répond al-Ṭurṭūshī. Ces citations, bien qu'insérées par al-Ghazālī dans un cadre nuancé (où le *kalām* n'est jamais rejeté en bloc), prennent une portée doctrinalement subversive pour al-Ṭurṭūshī, dans le contexte global du monde musulman et plus immédiatement dans le paysage d'un sunnisme encore en reconstruction dans l'Alexandrie du VIe/XIIe siècle, une portée qu'Abū Ḥāmid n'avait sans doute pas anticipée.

Pour saisir l'idée, il faut avoir à l'esprit un fait en lien avec une question qui mériterait de plus amples recherches : les sources utilisées par al-Ghazālī pour la rédaction de son *Iḥyāʾ*. Ainsi, al-Ghazālī cite explicitement une encyclopédie biographie incontournable sur les Compagnons : l'*Istīʿāb* d'Ibn ʿAbd al-Barr (463/1071). Mais il y a un autre texte de ce dernier qu'al-Ghazālī a exploité de façon beaucoup plus abondante, sans pour autant le nommer : *Jāmiʿ bayān al-ʿilm wa-faḍlih*. Abū Ḥāmid transpose dans son livre de longs passages du *Jāmiʿ* d'Ibn ʿAbd al-Barr, au mot près. Le *Kitāb al-ʿilm* du *Iḥyāʾ* est assez édifiant en cela. C'est également le cas pour le passage qui nous intéresse, à savoir la deuxième section du *Kitāb qawāʿid al-ʿaqāʾid* : la suite de citations attribuées à des figures sunnites condamnant le *kalām* est en

90 *Iḥyāʾ ʿulūm al-dīn*, I, p. 97.

réalité intégralement tirée du *Jāmiʿ*. Ce recours quasi-systématique à ce traditionniste andalou est tout à fait en rupture avec l'image d'un soufi faible en *ḥadīth* que la phrase « *Biḍāʿatī fī l-ḥadīth muzjā* » (« ma marchandise en *ḥadīth* est négligeable ») a longtemps laissé croire au sujet d'Abū Ḥāmid. Bien qu'importante, ce n'est pas la réévaluation du statut d'al-Ghazālī en *ḥadīth* qui nous intéresse ici, mais plutôt l'identité de celui qu'il a pris comme référence.

On ne présente plus ce savant cordouan qu'était Ibn ʿAbd al-Barr ; on ne le refera pas non plus en détail ici. Au fil des siècles, la prosopographie est restée dithyrambique à son égard, le qualifiant de « plus grand traditionniste de son époque » (*ḥāfiẓ ʿaṣrih*) voire de *mujtahid*. Son commentaire du *Muwaṭṭaʾ*, le *Tamhīd*, est encore à ce jour une référence, au même titre que son *Istīʿāb* déjà cité. Rappelons aussi qu'il était l'un des maîtres d'Ibn Ḥazm. À première vue, on pourrait penser qu'une telle source d'inspiration chez al-Ghazālī aurait été propre à réjouir al-Ṭurṭūshī.

Je crois qu'il n'en était rien. Figure d'autorité reconnue dans le *ḥadīth*, Ibn ʿAbd al-Barr est considéré dans les sphères ashʿarites comme hautement problématique en matière de croyance. Son passé ẓāhirite et son accointance avec Ibn Ḥazm, qui a eu des propos lapidaires à l'encontre des Ashʿarites, doivent être mis en relation avec plusieurs éléments qui ont pu sérieusement amener des savants sunnites de toutes les époques à s'interroger sur sa position théologique. Il faut dire que celle-ci est extrêmement difficile à déterminer. Sans être véritablement ashʿarite, on voit parfois Ibn ʿAbd al-Barr refuser d'attribuer à Dieu le déplacement (*intiqāl*) jugé indigne, ce qui le rapproche plus de l'esprit du *tanzīh* (transcendance divine) prôné par Ashʿarites et Muʿtazilites. En même temps, sans être non plus un *mujassim* assumé, des passages tendancieux de ses livres, en particulier son *Tamhīd*, peuvent donner l'impression qu'il a une lecture littéraliste de certains versets et *ḥadīth*-s équivoques et qu'il s'autorise des formulations ambigües pouvant faire croire à une accointance avec le *tajsīm*, sinon à une participation aux débats sur les textes équivoques qui est en tout cas en rupture avec la position anti-*kalām* qu'il défend dans son *Jāmiʿ* et qui pourrait l'apparenter aux *Ahl al-ḥadīth* ou *athariyyūn*. Cumulant les paradoxes, la postérité sunnite n'a pas toujours été tendre avec cette figure pourtant difficilement classable. Ibn al-Jawzī (597/1201), un ḥanbalite légèrement postérieur à al-Ṭurṭūshī connu pour ses positions contre le *tajsīm*, s'exprime au sujet d'Ibn ʿAbd al-Barr en ces termes[91] :

> J'ai été surpris par un certain andalou appelé Ibn ʿAbd al-Barr qui a mentionné dans son *Tamhīd* le *ḥadīth al-nuzūl*[92][...] et a déclaré à son sujet : ceci est une preuve que Dieu est sur le

---

91 Ibn al-Jawzī, *Ṣayd al-khāṭir*, 2004, Damas, Dār al-Qalam, p. 99.

92 Il s'agit du *ḥadīth* commençant par : *Yanzilu Rabbunā*, qui a opposé un camp anthropomorphiste littéraliste comprenant que Dieu descend physiquement, à un camp refusant le sens apparent indigne de la transcendance divine au profit d'un autre (Dieu fait descendre un ange).

> trône car sinon *yanzilu* n'aurait ici aucun sens. Ceci est la parole d'un ignorant de la connaissance de Dieu ! Où sont ceux-ci par rapport à ceux qui suivent vraiment l'*athar* ? Ils se sont exprimés en des termes plus graves que ne l'ont jamais fait les partisans de l'interprétation, puis condamnent malgré cela le *kalām* !

Près de deux siècles plus tard, le célèbre traditionniste ʿAbd al-Raḥīm al-ʿIrāqī (806/1403) déclare[93] :

> Il compte parmi ceux qui ont attribué la direction [à Dieu]. Soyez-donc en garde contre lui ! Je ne l'ai mentionné à supprimer qu'en guise d'avertissement.

Le moins que l'on puisse dire d'Ibn ʿAbd al-Barr donc, est qu'il est pour les Ashʿarites hautement problématique ; sans jamais contester son autorité en *ḥadīth*, sa fiabilité en matière de *ʿaqīda* ou de *kalām* est plus que douteuse. Le contexte particulier d'Ibn ʿAbd al-Barr, son rapport au ẓāhirisme et surtout le fait qu'il n'a jamais voyagé en Orient ont pu contribuer à figer sa pensée théologique, ce qui a pu tantôt être lu comme une accointance avec ce qu'al-Ṭurṭūshī désigne par les Ḥashawiyya. S'il ne ressort certes pas de ses écrits une adhésion explicite au tajsīm que l'on pouvait trouver dans des cercles ḥanbalites plus radicaux, il n'empêche que sa position d'hostilité au *kalām* et ses formulations ambigües laissent transparaître une théologie biaisée qu'al-Ṭurṭūshī a certainement jugé dangereuse pour un sunnisme doctrinalement structuré.

Or, en s'appuyant – sûrement sans mauvaise intention – sur le *Jāmiʿ bayān al-ʿilm wa-faḍlih* d'Ibn ʿAbd al-Barr, al-Ghazālī introduit indirectement ces vues dans le plus célèbre traité d'éthique islamique de son temps, lu, copié, et médité dans tous les cercles sunnites, y compris chez les Mālikites. C'est cette diffusion massive, combinée à l'autorité immense d'un théologien ashʿarite tel qu'al-Ghazālī, qui alarme al-Ṭurṭūshī. Car l'effet produit est redoutable : ces thèses anti-*kalām*, pourtant véhiculées par un auteur non fiable, se trouvent désormais sanctuarisées dans un ouvrage central de la tradition sunnite, leur conférant une légitimité que ni leur origine ni leur contenu ne justifient.

Pour al-Ṭurṭūshī, le danger n'était pas simplement théorique. Il était immédiat, stratégique. Dans l'Alexandrie fatimide, où il s'efforçait de reconstruire un sunnisme cohérent, en s'appuyant sur les réseaux mālikites et les ressources de l'ashʿarisme, voir ces citations anti-*kalām* ressurgir dans l'arsenal argumentatif de ses adversaires était une menace à la réussite de sa mission. Je crois que c'est précisément cet élément qui motiva al-Ṭurṭūshī à écrire un ouvrage concurrent au *Iḥyā'* : la position d'al-Ghazālī, bien que fondamentalement nuancée et analytique – son projet étant

93 ʿIrāqī (al-), *Ṭarḥ al-tathrīb fī sharḥ al-Taqrīb*, Beyrouth, Dār Iḥyā' al-turāth al-ʿarabī, II, p. 383.

davantage celui d'un inventaire raisonné que d'une apologie dogmatique – risquait, par effet de réception, d'être instrumentalisée contre les *mutakallimūn*.

Il est difficile, *a posteriori*, de ne pas donner raison à al-Ṭurṭūshī. En effet, le plus célèbre disciple d'Ibn Taymiyya (728/1328), Ibn Qayyim (751/1350), réinjectera la liste de citations anti-*kalām* du *Iḥyā'* dans son ouvrage anti-ashʿarisme intitulé *al-Ṣawāʿiq mursala*[94], en prenant le soin de capitaliser sur la notoriété du livre d'al-Ghazālī.

Dans ce contexte, la réponse d'al-Ṭurṭūshī prend une urgence et une ampleur particulières. Il s'agit moins pour lui de s'opposer à al-Ghazālī en tant que personne, que de désamorcer une « bombe doctrinale à retardement » que celui-ci a activée malgré lui. Sa stratégie consiste à contrecarrer les citations problématiques d'Ibn ʿAbd al-Barr par des extraits issus d'une autorité bien plus sûre à ses yeux, à la fois sur le plan juridique et doctrinal : Ibn Abī Zayd al-Qayrawānī[95] (386/996). Figure de proue de l'école de Kairouan[96], disciple d'al-Darrās (357/968) – le plus ancien auteur maghrébin à avoir consacré une épître à l'apologie de l'ashʿarisme et le premier à avoir introduit la *Mudawwana* à Fès, Ibn Abī Zayd était connecté aux tout premiers cercles mālikites ashʿarites, à savoir ceux d'Irak[97] : un échange épistolaire avec Ibn Mujāhid, ashʿarite de la 2ème génération, a été tellement fructueux que celui-ci lui enverra un de ses étudiants lui transmettre certains de ses traités[98]. Il avait égale-

94 Ibn al-Qayyim, *al-Ṣawāʿiq al-mursala ʿalā l-jahmiyya wa-l-muʿaṭṭila*, Riyadh, Dār al-ʿĀṣima, 1987, IV, pp. 1267–1268.

95 Notons qu'Ibn Abī Zayd a lui-même fait l'objet d'une récupération postérieure, à cause d'un passage ambigu de sa *Risāla* qui a pu faire croire à certains qu'il n'était pas ashʿarite. Il lui est pourtant attribuée une épître de *kalām* dans laquelle il réfute un muʿtazilite et dans laquelle il décrit al-Ashʿarī comme « attaché à la Sunna » et comme « un *imām* en la matière ». Amharar, « De Bagdad à Séville », p. 153.

96 Voir : Idris, H. R., « Essai sur la diffusion de l'ašʿarisme en Ifrîqiya », dans *Les Cahiers de Tunisie* 1 (1953), pp. 128–139, ainsi que Idris, H. R., « Deux juristes kairouanais de l'époque ziride ; Ibn Abī Zaid et al-Qābisī (Xe–XIe siècle) », dans *Annales de l'Institut d'études orientales* 12 (1954), pp. 122–198. Pour un essai de chronologie de l'ashʿarisme au Maghreb, d'al-Darrās à Ibn al-ʿArabī, voir : Amharar, « De Bagdad à Séville : étude d'une généalogie du *kalām*, d'al-Ashʿarī à Abū Bakr Ibn al-ʿArabī », *Abū Bakr Ibn al-ʿArabī (543/1148) : Legacy and Transmission of the Thought of al-Ġazālī (505/1111) in al-Andalus*, Leyde, Brill, collection *Handbook of Oriental Studies*, septembre 2024, pp. 150–169.

97 Sur le malikisme irakien et sa connexion au Maghreb, voir : Benhima, « Le mālikisme irakien et le Maghreb : Réseaux, circulations et transferts entre Orient et Occident musulmans », dans M. Meouak et C. de la Puente (eds), *Connected stories : Contacts, traditions and transmissions in premodern Mediterranean Islam*, Berlin : De Gruyter, 2022, pp. 111–130.

98 Lorsqu'Ibn Abī Zayd écrit son commentaire encyclopédique de la *Mudawwana*, la réputation du texte parvient aux oreilles d'Ibn Mujāhid. S'en suit une correspondance amicale et surtout fructueuse : Ibn Abī Zayd missionne son disciple Ibn ʿAdhrā pour aller à Bagdad offrir à Ibn Mujāhid une copie du livre, assortie d'une *ijāza*. Ce même Ibn ʿAdhrā deviendra disciple d'Ibn Mujāhid et

ment un lien privilégié avec al-Bāqillānī, qui n'hésitera pas à prendre sa défense dans certaines polémiques que vont connaître les cercles savants de Kairouan à l'époque[99]. Ibn Abī Zayd incarne donc un mālikisme pleinement intégré à l'ashʿarisme. Al-Ṭurṭūshī puise dans un de ses ouvrages, le *Jāmiʿ fī l-sunan* pour opposer point par point aux sentences d'Ibn ʿAbd al-Barr une tradition mālikite alternative, tout aussi enracinée, mais jugée rigoureusement orthodoxe.

Cette opposition de sources n'est pas anodine : elle révèle l'intuition d'al-Ṭurṭūshī que le combat pour l'ashʿarisme doit se mener sur le terrain même de l'autorité mālikite. Il ne s'agit pas de juxtaposer deux traditions – le droit et la théologie – mais de montrer qu'il existe une compatibilité historique profonde entre mālikisme et ashʿarisme. Son recours à Ibn Abī Zayd al-Qayrawānī s'inscrit donc dans une démarche de légitimation interne : il veut convaincre ses coreligionnaires que le *kalām* ashʿarite n'est pas un corps étranger, mais un développement méthodique issu des principes du mālikisme le plus classique.

On remarque néanmoins que certaines citations problématiques rapportées par Ibn ʿAbd al-Barr se retrouvent également dans le *Jāmiʿ fī l-sunan* d'Ibn Abī Zayd al-Qayrawānī. Il est possible d'imaginer qu'al-Ṭurṭūshī ait attaché de l'importance à ce fait : certaines de ces citations, parfois employées dans un contexte de critique du *kalām*, ont aussi été transmises par des savants ashʿarites comme Ibn Abī Zayd. Cela pourrait signifier que les Ashʿarites ne fuyaient pas ces textes, ni ne les ignoraient ; bien au contraire, ils les recevaient, mais en les comprenant d'une manière différente. Ibn Abī Zayd lui-même les rapporte aux côtés d'autres passages indiquant que c'est le *kalām* des gens des passions déviantes (*ahl al-ahwāʾ*) qui est blâmé, et non le *kalām* dans l'absolu. Cela montre toute la subtilité avec laquelle les grandes figures intellectuelles abordaient ces traditions, en leur donnant des lectures nuancées et équilibrées.

Dès lors, la critique d'al-Ghazālī ne semble ni frontale ni personnelle. Elle est portée par une inquiétude stratégique que les Ashʿarites maghrébins postérieurs n'ont pu que juger justifiée : la démarche rigoureuse et équilibrée du savant de Ṭūs risquait, malgré elle, de miner les efforts de ceux qui, comme al-Ṭurṭūshī, se revendiquaient comme partisans de l'orthodoxie doctrinale en contexte mālikite. *A posteriori*, on ne peut que reconnaître la lucidité d'al-Ṭurṭūshī : les thèses anti-*kalām* d'Ibn ʿAbd al-Barr, par l'intermédiaire du *Iḥyāʾ*, deviendront des armes dans les mains des littéralistes hanbalites.

étudiera auprès de lui le traité d'ashʿarisme *Risāla fī ʿuqūd ahl al-sunna*. Ibn ʿAdhra transmettra ce texte à son retour au Maghreb. Amharar, « De Bagdad à Séville », p. 153.

99 Amharar, « De Bagdad à Séville », p. 153, nt 45.

Le succès colossal de l'*Iḥyā'*, devenu en quelques décennies le vade-mecum des cercles sunnites, y compris mālikites, transforme ces paroles en armes brandies par les adversaires de l'ashʿarisme. Pour al-Ṭurṭūshī, engagé dans un projet de restauration du sunnisme face aux Fatimides et aux dissidences internes, la dangerosité de ces citations tient à leur apparente légitimité : comment contester des paroles de Mālik rapportées par le plus célèbre des théologiens sunnites ? Son commentaire des paragraphes où ces citations sont reprises et discutées révèle une stratégie subtile de désamorçage. Il ne nie pas l'authenticité des dires – ce qui serait intenable – mais en restitue le contexte polémique originel : les condamnations de Mālik viseraient non le *kalām* en tant que tel, mais le fait de s'attacher à des points équivoques comme l'*istiwā'* et vouloir y voir des modalités (*kayfiyya*), choses que les Ashʿarites eux-mêmes considèrent comme blâmables. Cette lecture permet de sauver à la fois l'autorité de Mālik et la légitimité du *kalām* ashʿarite, présenté non comme une rupture mais comme un prolongement méthodique de l'orthodoxie mālikite.

La référence aux disciples de Mālik s'inscrit dans cette entreprise de récupération historique. Lorsqu'al-Ṭurṭūshī affirme que les compagnons de Mālik étaient ashʿarites, il opère un double mouvement : d'une part, au prix d'un anachronisme qui peut lui être reproché, il laisse entendre que des Mālikites de la première heure, ceux qui ont puisé leur enseignement de Mālik directement, étaient des praticiens du *kalām*, si l'on comprend « ashʿarites » dans son propos comme « proto-ashʿarites ». D'autre part, pour assoir cette légitimité, il étire la catégorie pour y inclure d'autres Mālikites, plus tardifs. On pense à Ibn Abī Zayd, mais cela est valable pour ses homologues kairouanais ayant symbolisé l'alliage mālikisme/ashʿarisme en contexte maghrébin, à l'instar de ce même alliage en contexte irakien incarné par Ibn Mujāhid ou al-Bāqillānī. L'objectif est de conforter l'idée que l'ashʿarisme a toujours été un pan de l'orthodoxie sunnite, au même titre que le mālikisme. Ce geste n'est pas qu'un remaniement de l'histoire ; il est éminemment politique. Dans l'Alexandrie d'al-Ṭurṭūshī, où il essaie de redonner une vitalité aux réseaux mālikites locaux, l'enjeu est de faire de cette doctrine un allié naturel du projet théologique ashʿarite, contre les Ḥashawiyya. Les paragraphes où il compare le développement du *kalām* à celui du *fiqh* ou de la grammaire, servent ce propos : si les Mālikites acceptent que le *Mudawwana* systématise des principes épars chez Mālik, pourquoi refuseraient-ils que l'ashʿarisme fasse de même pour la théologie ?

Notons que la position d'al-Ṭurṭūshī sur le *kalām* le pousse à des insinuations audacieuses, parfois violentes, à l'encontre d'Aḥmad b. Ḥanbal. Plutôt que de tenter d'interpréter ou de contester la véracité des propos et gestes rapportés par le fondateur du ḥanbalisme, comme il le fait scrupuleusement avec Mālik ou même al-Shāfiʿī, al-Ṭurṭūshī préfère rappeler, après avoir cité les paroles d'Aḥmad, que tout ceci ne reste *que* l'avis d'Aḥmad, qui, comme tout humain faillible, peut se tromper. Plus encore, al-Ṭurṭūshī affirme presque explicitement qu'Aḥmad ne maîtrisait pas le *kalām* et qu'il aurait gagné à l'étudier, ne serait-ce que pour échapper à la mort à laquelle l'a condamné al-Muʿtaṣim, qui, lui, avait eu une formation en muʿtazilisme. Cette différence de niveau entre le souverain ʿabbāside et le savant aurait, d'après al-Ṭurṭūshī, rendu possible au premier de « jouer » (*yaʿbath*) avec la vie du second.

Les derniers paragraphes éclairent l'urgence concrète de ce travail de réconciliation doctrinale. Lorsqu'al-Ṭurṭūshī évoque le rôle des gouverneurs dans la répression des innovations, il ne fait pas qu'énoncer des généralités, mais il décrit une situation de crise où la survie même du sunnisme passe par l'unification de ses factions. Dans ce contexte, les citations ghazaliennes contre le *kalām* ne sont pas une simple controverse académique : elles menacent le fragile équilibre que tente de construire al-Ṭurṭūshī entre pouvoir politique (qu'il conseille), élites mālikites (qu'il cherche à rallier) et base populaire (à protéger des influences fatimides). Son insistance sur le « lien historique » entre mālikisme et ashʿarisme est moins une affirmation historiographique qu'un acte de résistance intellectuelle – une tentative pour donner à l'Égypte sunnite, à travers une généalogie reconstruite, les moyens théoriques de sa propre restauration.

L'auteur du *Sirāj al-mulūk* en profite pour se fendre d'une critique acerbe à peine voilée du pouvoir en place et de sa responsabilité dans la protection du pays, qui est autant militaire qu'idéologique.

Al-Ṭurṭūshī, sous couvert d'un traité apparemment technique sur le *kalām*, mène aussi en réalité une charge violente contre la démission du pouvoir politique de son temps. Quand il rappelle que le calife ʿUmar frappait personnellement les innovateurs, qu'il organisait leur exclusion sociale (par. 94 : « empêchez les gens de le fréquenter »), ce n'est pas une leçon d'histoire – c'est un miroir tendu à ses gouverneurs contemporains qui, à l'inverse, laissent les hérésies se propager. La comparaison implicite est accablante : là où les premiers califes protégeaient activement l'orthodoxie, les dirigeants de son époque tolèrent la corruption doctrinale, quand ils ne la favorisent pas par leur passivité.

Ce qui rend sa critique particulièrement mordante, c'est qu'al-Ṭurṭūshī était lui-même un conseiller des princes, un familier du pouvoir. Son traité n'est pas le cri d'un marginal, mais la mise en garde d'un « insider » désillusionné. Quand il écrit (par. 96) : »Regardez comment l'islam était protégé par l'épée, et comment la foi a disparu jusqu'à ce que les innovations atteignent les rois eux-mêmes«, chaque mot est calculé. En faisant du *kalām* un *jihād*, il retourne contre le pouvoir sa propre rhétorique guerrière. Les princes se vantent de mener le *jihād* contre les ennemis extérieurs ? Qu'ils sachent que le vrai combat est doctrinal, qu'il se mène contre les déviations internes, et que leur échec sur ce front invalide toute leur légitimité.

J'ai, à plusieurs reprises, évoqué le parallèle établi par al-Ṭurṭūshī entre les deux terminologies de *kalām* et *bidʿa*. Pour al-Ṭurṭūshī, qui, rappelons-le, est l'auteur du *Kitāb al-Ḥawādith wa-l-bidaʿ*, l'histoire de l'islam est celle d'un combat permanent contre les innovations. Le *kalām* n'est pas une rupture avec le passé, mais le prolongement naturel d'un « *jihād* intellectuel » qu'ont mené les grands imams. Il fait ainsi du théologien rationnel l'héritier spirituel des premiers combattants de l'innovation.

Cette dimension polémique explique d'ailleurs pourquoi al-Ṭurṭūshī doit enrober sa critique dans un appareil érudit apparemment anodin. En citant inlassablement les anciens, en noyant son propos sous les références mālikites et shafiʿites, il se construit une position de repli : qui oserait l'accuser de subversion quand il ne fait que commenter pieusement les classiques ? Mais entre les lignes, le message est limpide : un pouvoir qui ne protège pas l'orthodoxie ashʿarite n'est qu'une coquille vide, une parodie de gouvernement islamique. La radicalité de cette position – qui fait du contrôle doctrinal la pierre de touche de la légitimité politique – annonce en quelque sorte les développements ultérieurs de l'alliance entre oulémas ashʿarites et pouvoir mamelouk, dont al-Ṭurṭūshī est, à bien des égards, un précurseur méconnu.

Le texte d'al-Ṭurṭūshī est témoin d'un moment charnière dans l'histoire intellectuelle de l'Islam médiéval en Afrique du Nord en général, et à dans l'Alexandrie fatémide en particulier, où se jouait rien moins que la définition même de l'orthodoxie sunnite. Son commentaire du *Ḥathth ʿalā l-baḥth* témoigne d'une tentative audacieuse d'imposer l'ashʿarisme comme colonne vertébrale doctrinale du sunnisme égyptien face aux périls fatimides et aux divisions internes. Pourtant, à considérer l'histoire ultérieure, on ne peut s'empêcher de poser une question cruciale : ce projet a-t-il véritablement abouti ?

Le succès écrasant de l'*Iḥyāʾ ʿulūm al-dīn* d'al-Ghazālī en Afrique du Nord[100], contrastant avec la transmission fragmentaire des œuvres d'al-Ṭurṭūshī (comme en témoigne le fait qu'al-Ḍabbī n'ait eu accès qu'aux deux premiers chapitres des *Asrār*), suggère une défaite relative de sa vision. L'hégémonie croissante du soufisme institutionnel à Alexandrie aux VIᵉ/XIIᵉ et VIIᵉ/XIIIᵉ siècles, souvent marqué par une quasi canonisation du *Iḥyāʾ*, semble indiquer que le projet d'al-Ṭurṭūshī fut progressivement marginalisé. Faut-il y voir les raisons de son apparent découragement, voire de l'abandon de son projet en cours de route ? Et si les deux chapitres qu'a lu al-Ḍabbī n'étaient finalement que les deux seuls qu'al-Ṭurṭūshī avait écrit ? La question reste ouverte, mais elle mérite d'être posée.

---

100 Sur l'influence du *Iḥyāʾ* dans les cercles soufis et ashʿarites à Fès sous les Almohades, voir : Amharar, *L'ashʿarisme à Fès, des Almohades aux Mérinides, La profession de foi d'Abū ʿImrān al-Jawrāʾī. Introduction, édition critique, traduction et commentaire*, Rabat, Publications du Centre Jacques Berque, 2022, pp. 25–42.

Plus troublant encore est le silence relatif entourant la circulation du *Ḥathth ʿalā l-baḥth* au Maghreb postérieur. Nous avions émis l'hypothèse que notre manuscrit appartenait à T-2. Il est donc, selon cette hypothèse, à l'origine d'une certaine transmission du *Ḥathth* dans les cercles égyptiens mālikites. Pourtant, on n'en trouve aucune trace ailleurs en Afrique du Nord. Le cas d'Abū Bakr Ibn al-ʿArabī est à cet égard révélateur : on sait combien il a longuement étudié auprès d'al-Ṭurṭūshī lui-même, et l'on sait son engouement pour la transmission des traités orientaux, prenant soin de précisément inventorier les livres qu'il a introduit en au Maghreb[101]. Pourtant, on ne trouve aucune information indiquant une quelconque transmission de ce texte. Ce paradoxe éclaire un aspect méconnu de l'histoire intellectuelle : la transmission contrariée des traités ashʿarites vers l'Occident musulman.

Pourtant, par un étrange retournement de l'histoire, certaines idées d'al-Ṭurṭūshī semblent avoir survécu à l'échec apparent de son projet immédiat de faire oublier l'*Iḥyāʾ*. Son influence sur Ibn Tūmart et le mouvement almohade, sont encore à précisément documenter, même s'il est avéré que le second a étudié auprès du premier. Cette incidence apparaît de plus en plus plausible à la lumière des similitudes entre des contenus respectifs. L'hypothèse, que je propose ici, et que j'approfondis dans un ouvrage consacré en cours d'écriture, est de voir dans la profession de foi qui apparaît au début du *Sirāj al-mulūk* une source d'inspiration pour l'écriture de la *Murshida* d'Ibn Tūmart ce qui ouvrirait ainsi une nouvelle perspective sur la circulation « souterraine » des idées entre Orient et Occident musulmans.

Au final, le destin contrasté de l'œuvre d'al-Ṭurṭūshī reflète les tensions profondes qui traversaient le sunnisme médiéval à son époque à Alexandrie. Si son projet explicite de restauration ashʿarite chez les Mālikites à Alexandrie a pu être mis à mal, certaines de ses intuitions ont connu une postérité insoupçonnée, quoique diffuse. Ce paradoxe nous invite à reconsidérer notre compréhension des dynamiques intellectuelles en Islam : parfois, ce sont les œuvres apparemment marginalisées qui, par des canaux obscurs, finissent par exercer l'influence la plus durable. Dans le cas d'al-Ṭurṭūshī, son échec à imposer immédiatement sa vision pourrait bien avoir été compensé par une influence souterraine mais profonde, dont nous commençons seulement à mesurer l'ampleur.

---

101 Amharar, *Langage et théologie chez le Qāḍī Abū Bakr Ibn al-ʿArabī (543/1148) : les informations subtiles de la somme de théorie légale (Nukāt al-Maḥṣūl fī ʿilm al-uṣūl). Édition critique, traduite et commentée.* Piscataway, New Jersey, Gorgias Press, 2023, p. xxxix.

9 Un mot sur l'édition-traduction

Nous l'avons déjà dit, *al-Asrār wa-l-ʿibar* n'a qu'une seule copie manuscrite disponible : il s'agit du Ms. 404, conservé à la Bibliothèque Royale de Marrakech. Il s'agit d'un manuscrit oriental : la calligraphie est de type naskhi. La copie est fragmentaire : elle ne contient que deux chapitres sur les cent initiaux, soit 177 folios (129/185 mm).

Notons qu'en réalité, rien n'indique que ce livre a jamais été achevé. Al-Ṭurṭūshī pourrait tout à fait en avoir suspendu la rédaction. Nous avons souligné qu'al-Ḍabbī n'en avait consulté qu'une petite portion ; elle pourrait être ce manuscrit.

Il est quand même peu probable qu'il s'agisse d'un autographe, compte tenu des nombreuses coquilles.

Le manuscrit comprend deux premiers chapitres du premier quart que comporte ce livre, nommé « quart des connaissances » (*rubʿ al-maʿārif*). Ils sont respectivement intitulés : « Livre de l'intellect » (*Kitāb al-ʿaql*) et « Livre de la science » (*Kitāb al-ʿilm*).

C'est de ce deuxième chapitre dont est extrait notre texte, qui s'étend sur 18,5 folios (précisément : ff. و113 – و126). L'épître lui-même tient sur les quatre premiers folios.

C'est la recension de ce Ms. 404 que nous retranscrivons donc, à l'exception de cas exceptionnels où la leçon des autres recensions du *Ḥathth* est à retenir.

La collation intégrale a été placée en introduction, afin d'alléger l'apparat du texte et de le consacrer aux remarques et à l'apparat savant.

Pour faciliter la lecture du texte original et de sa traduction, celui-ci a été découpé en paragraphes numérotés.

L'apparat savant se trouve en notes de la traduction. Pour la biographie des personnalités, nous nous sommes concentrés sur les « moins évidentes » pour le lecteur, afin d'alléger l'apparat de notes.

Toutes les traductions dans ce livre sont les miennes.

https://doi.org/10.1515/9783112233887-009

Al-Ḥathth ʿalā l-baḥth / Traduction

كتابُ الحَثِّ علي البحث
لأبي الحسَن الأشعري

فَصْلٌ:

1. [قال أبو بكر الطُّرْطُوشي]: وقد رأيتُ أنْ أذكر هاهنا رسالةً لأبي الحسن الأشعري، سمَّاها كتابَ الحث على البحث لتعظم بها الفائدة، ثم أُعقبها بكلام بليغ مُستقصًى في الرد على الحَشَوية.

https://doi.org/10.1515/9783112233887-010

L'exhortation à l'investigation théologique d'Abū l-Ḥasan al-Ashʿarī

Section

1. [Abū Bakr al-Ṭurṭūshī a dit] : J'ai jugé bon d'insérer ici une épître d'Abū l-Ḥasan al-Ashʿarī, qu'il a intitulé *Le livre de l'exhortation à l'investigation théologique*, en raison de son grand intérêt, puis de la faire succéder d'un propos éloquent, approfondi à l'extrême, dans lequel je réfute les Ḥashawiyya.

بسم الله الرحمن الرحيم

كتابُ الحَثِّ على البحث

Je commence par le nom de Dieu, le Tout Miséricordieux, le Très Miséricordieux

L’encouragement à l’investigation théologique

بابٌ في إثبات النظَر في الأصول والحَثِّ على طلَب العلوم

2. **قال أبو الحسنِ الأشعري:** ثم إنَّ طائفة مِن الناس جعلوا الجهلَ رأسَ مالهم، فثقُل عليهم النظرُ والبحثُ عن الدِّين، ومالوا[102] إلى التخفيف والتقليد، وطعنوا على مَنْ فتَّش عن أُصول الدِّين ونسبوه إلى الضلالة.

3. فزعموا أن الكلامَ في الحركة والسُّكون، [113/أ] والجِسْم والعرَض، والألوان والأكوان، والجزء والطفرة، وصفات الباري تعالى؛ بدعةٌ وضلالة.

4. وقالوا: لو كان ذلك هُدىً ورُشْداً لتكلَّم فيه النبيُّ عليه السَّلام وخلفاؤه الراشدون، وأصحابه المنتخبون.

5. وقالوا: لأن النبيَّ عليه السَّلام لم يَمُتْ حتى تكلَّم في كل ما يُحتاج إليه من أمور الدِّين، وبيَّنه بياناً واضحاً. ولم يترك لأحدٍ مقالًا فيما بالمسلمين إليه حاجةٌ من أمر الدِّين، وما يُقرِّبهم إلى الله تعالى ورضوانه، ويُبعدهم عن سَخَطه، ولم يُنقل عنه عليه السَّلام أنه تكلَّم في شيء مِنْ ذلك.

6. ثم قالوا: فلمَّا لم يَرِدْ عنه الكلامُ في شيء ممَّا ذكَرنا علِمنا أنّ الكلام فيه بدعة. ولأنه لا يخلو ذلك مِنْ أحَدِ وجهيْن: إمَّا أنْ يكون علِموه فسكتوا، أو لم يعلموه. فإنْ كانوا علِموه ولم يتكلَّموا فيه وَسِعَنا السكوتُ كما وَسِعَهم. وإنْ كانوا لم يعلموه وَسِعَنا جهلُه كما وسِع أولئك جهلُه، وَسِعنا تركُ الخوض فيه كما وسعهم؛ لأنه لو كان مِنْ أمور الدِّين لم يجهلوه، فعلى كلا الوجهين الكلامُ فيه بدعة.

---

102 كررت في الأصل.

Chapitre légitimant l'examen des fondements de la religion et encourageant à la quête des sciences

2. Abū l-Ḥasan al-Ashʿarī a dit : [...]. En outre, il existe une faction parmi les hommes qui ont fait de leur ignorance un capital. L'examen et l'investigation dans la religion leur ayant pesés, ils ont préféré la facilité du conformisme et s'en sont pris à toute personne inspectant les fondements de la religion, l'accusant d'égarement.
3. Ils ont ainsi prétendu que de parler du mouvement, de l'immobilité, du corps, de l'accident, des couleurs, des *akwān*[152], de l'élément[153] (*al-juzʾ*), du bond[154] (*al-ṭafra*), et des attributs divins constituait une innovation et un égarement.
4. S'il y avait, ont-ils ajouté, une guidance et une bonne orientation en cela, le Prophète se serait exprimé à ce sujet, de même que ses Califes bien guidés et l'élite de ses Compagnons.
5. En effet, ont-ils poursuivi, le Prophète n'est pas décédé avant de s'être exprimé sur tout ce dont on a besoin concernant les sujets de la religion ni avant d'avoir exposé tout ceci de façon très claire. Il n'a pas épargné un seul propos en lequel les musulmans auraient besoin qui porte sur la religion, qui les approcherait de Dieu et de Son agrément et qui les éloignerait de Son châtiment. Or, il ne nous a pas été rapporté qu'il s'est exprimé dans quoi que ce soit de la sorte.
6. Etant donné, ont-ils conclu, qu'il ne nous est pas rapporté qu'il s'est exprimé dans quoi que ce soit de cité, nous avons donc déduit que s'exprimer à ce sujet était une innovation, car de deux choses l'une : soit ils connaissaient cette science mais n'en ont pas parlé, soit ils ne la connaissaient pas. S'ils la connaissaient mais n'en ont pas parlé, nous avons alors, nous aussi, toute la latitude pour ne pas en parler, tout comme eux l'ont eu. Et s'ils ne la connaissaient pas, nous avons alors, nous aussi, toute la latitude pour l'ignorer, comme eux l'ont eu, et nous pouvons alors tout à fait nous abstenir d'étudier en profondeur cette discipline tout comme eux se sont abstenu, car si cela comptait parmi les sujets de la religion, ils ne l'auraient pas ignoré. Dans les deux cas donc, s'exprimer à ce sujet est une innovation.

---

152 Dans la terminologie du *kalām*, les *akwān* désignent des accidents spécifiques, comme la mobilité.

153 L'atomisme, défendu par de nombreux *mutakallimūn*, repose sur une division des créatures en substances (*jawāhir*) et accidents (*aʿrāḍ*). Ces substances ne sont pas divisibles à l'infini ; la plus petite particule, celle indivisible donc, est appelée *jawhar fard*, ou *al-juzʾ alladhī lā yatajazzaʾ*.

154 Concept développé par al-Naẓẓām (231/845) en réaction à l'atomisme, la théorie de la *ṭafra* consiste à avancer que le mouvement d'un corps d'un point à un autre ne nécessite pas de passer par l'ensemble des points de l'espace intermédiaire entre ces deux points mais qu'elle implique un « bon » d'un point à un autre.

7. هذا جملةُ ما يحتجُّون به في تَرْك النظر في الأصول.

8. والجوابُ مِنْ ثلاثة أوجه.

7. Tels sont, dans l'ensemble, les arguments qu'ils invoquent pour délaisser l'examen dans les fondements de la religion.
8. Nous répondrons à cela de trois façons.

أحدها:

9. قلبُ السؤال عليهم، فيُقال لهم: والنبيُّ عليه السَّلام لم يَقُلْ أيضاً: إنّ مَنْ بَحَث عن ذلك وتكلَّم فهو مبتدع. فيلزمكم أنْ تكونوا مبتدعة؛ إذ تكلمتُم في شيء لم يتكلَّم فيه النبيُّ عليه السَّلام، وضلَّلتم مَنْ لم يُضَلِّلْه عليه السَّلام، وكذلك أصحابُه، وكفَّرتم مَنْ لم يُكفِّرْه.

Première réponse

9. Il s'agit de leur retourner la question : le Prophète n'a pas non plus dit que celui qui menait des recherches et s'exprimait à ce sujet était un innovateur. Il implique donc que vous-même soyez des innovateurs, puisque vous vous êtes exprimé au sujet d'une chose sur laquelle le Prophète ne s'est pas exprimé ; vous avez ainsi considéré égaré celui que ni le Prophète, ni ses Compagnons, n'ont considéré égaré, et avez déclaré également mécréant celui que le Prophète n'a pas déclaré mécréant.

والجواب الثاني

10. أنّه عليه السَّلام لم يَجْهَلْ شيئاً ممَّا ذكرتموه مِن الكلام في الجِسْم والعرَض، والسكون والحركة، والجزء والطفرة، وإنْ كان لم يتكلّم في كلّ واحدٍ مِن ذلك مُعيّناً. وكذلك [113/ب] الفقهاء والعلماء مِن الصحابة.

11. غير أنّ هذه الأشياء التي ذكرتموها موجودةٌ في القرآن والسُّنة مُجملةً غير مُفصَّلة.

Deuxième réponse

10. Le Prophète n'ignorait rien de ce que vous avez mentionné : le corps, l'accident, l'immobilité, le mouvement, l'élément ou le bond, et ce, même s'il n'a pas précisément parlé de chacun de ces sujets. Cela vaut aussi pour les juristes et savants de parmi les Compagnons.
11. Cela étant, ces choses que vous avez citées existent dans le Coran et la Tradition, de façon globale et non détaillée.

فَصْلٌ

12. فأمَّا الحركةُ والسكونُ فالكلامُ فيهما موجودٌ في القرآن والسُّنة مُجْملة غير مُفصَّلة. وهما يَدلَّان على التوحيد. وكذلك الاجتماع والافتراق.

13. قال الله تعالى مُخْبِراً عن إبراهيم في قِصَّة أُفول الكَوكب والشمس والقمر وتحرُّكها من مكان إلى مكان ما دلَّه أنّ ربَّه لا يجوز عليه شيءٌ من ذلك، وأن مَنْ جاز عليه الأفولُ والانتقال مِنْ مكان إلى مكان فليس بإله.

14. فأمَّا الكلام في أصْل التوحيد فمأخوذٌ مِن الكتاب أيضاً، قال الله تعالى: (لو كان فيهما آلهة إلا الله لفسدتا) [الأنبياء – 22]. وهذا الكلامُ موجَز، نبَّه خَلْقَه بإيجازه على الحجّة بأنّه إله واحد، لا شريك له.

15. فكلامُ المتكلِّمين في أَلْف أَلْف ورقةٍ في الحِجاج في التوحيد والتمانع والتغالب إنّما مرجعُه إلى هذه الآية، وإلى قوله: (ما اتخذ الله من ولد وما كان معه من إله إذًا لذهب كل إله بما خلق) الآية [المؤمنون – 91]، وإلى قوله: (أم جعلوا لله شِركاء خلقوا كخلقه فتشابه الخلقُ عليهم) الآية [الرعد – 16]، فكلامُ المتكلِّمين في توحيد ربِّ العالمين مرجعُه كلُّه إلى هذه الآيات.

16. وكذلك سائرُ الكلام في جواز البعث واستحالته. وقد اختلف فيه عقلاء العرب ومَن قبلَهم مِن غيرهم، حتى تعجّبوا مِن ذلك فقالوا: (أإذا متنا وكنا ترابا ذلك رجع بعيد) [ق – 3]، (وهيهات هيهات لما توعدون إن هي إلا حياتنا الدنيا نموت ونحيي وما نحن بمبعوثين) [المؤمنون – 36–37]، (قال من يحيي العظام وهي رميم قل يحييها) الآية [يس – 78–79]، (أيعدكم أنكم إذا متم وكنتم ترابا وعظاما أنكم مخرجون) [المؤمنون – 35]، فوردت الآيةُ بالحِجاج في جواز البعث بعد الموت تأكيداً [14/أ] لجواز ذلك في العقول.

Section

12. En ce qui concerne le mouvement et l'immobilité, on les trouve implicitement cités dans le Coran, d'une façon globale, non détaillée, et qui indique l'unicité. Cela est également valable pour le rassemblement et la séparation.
13. Ainsi, dans le récit [coranique] relatif au déclin de l'astre et au déplacement du soleil et de la lune d'un endroit à un autre, Dieu fait dire à Abraham un propos qui montre bien que pour ce dernier, rien de tout cela n'était possible à son Seigneur, et que celui pour qui il est possible de décliner ou de se déplacer d'un endroit à un autre n'était pas un dieu.
14. Concernant le fondement de l'unicité, son propos est également tiré du Livre. Dieu a dit : « s'il y avait pour le ciel et la terre des divinités autres que Dieu, ceux-ci seraient viciés » [*Cor.* XXI, 22]. Il s'agit d'une parole résumée, par laquelle Il a averti Sa création sur l'argument prouvant qu'Il est un dieu unique, sans associé.
15. Dès lors, les arguments au sujet de l'unicité, de l'incompatibilité mutuelle et de la domination (*al-tamānuʿ wa-l-taghālub*)[155] que les théologiens ont développé en un million de feuilles ne se réfèrent en fait qu'à ce verset, à celui-ci : « Dieu ne s'est pas octroyé un enfant et il n'existe pas avec Lui d'autre dieu, auquel cas chaque divinité s'arrogerait ce qu'elle a créé » [*Cor.* XXIII, 91] et à celui-là : « Ont-ils attribué à Dieu des associés, créateurs comme Lui de sorte que leur création soit semblable à la Sienne ?» [*Cor.* XIII, 16]. Ainsi, le propos des théologiens sur l'unicité du Créateur des mondes se réfère bien dans son entier à ces versets.
16. Cela vaut aussi pour le reste du *kalām* établissant le caractère possible ou non de la résurrection. D'ailleurs les penseurs arabes et d'autres avant eux ont divergé sur la question, au point de s'étonner et de dire : « Une fois morts et assimilés par la terre, serons-nous vraiment ressuscités ? Il s'agit d'un retour peu probable ! » [*Cor.* L, 3] ; « on est bien loin de ce que vous promettez : notre seule vie est celle de ce bas-monde, on y vit et on y meurt, sans être ressuscités » [*Cor.* XXIII, 36–37] ou encore « ‹Qui fera revivre les os une fois réduits en poussière ?› interrogea-t-il. Réponds : Celui qui les fera revivre... » [*Cor.* XXXVI, 78–79], ou enfin « Vous promet-il vraiment qu'une fois morts et réduits en terre et os vous serez ressortis ?» [*Cor.* XXXIII, 35]. Ainsi, le verset rapporté comprend une argumentation au sujet du caractère possible de la résurrection après la mort, ceci afin de l'ancrer dans les mentalités.

---

155 Argumentation technique dont le but est de démontrer l'impossibilité d'un associé à Dieu.

17. وعلَّم الله تعالى نبيَّه كيفيةَ الحجاج عليهم في إنكار البعث مِن وجهين على طائفتيْن: منهم طائفةٌ أقرَّت بالخلق الأوَّل، وأنكرت الثاني. وطائفة جحدت كليهما، وقالت بقِدَم العالم.

18. فاحتجَّ على المُقِر منهما بالخلق الأوَّل بقوله: (قل يحييها الذي أنشأها أول مرة) [يس – 79]، وبقوله: (كما بدأكم تعودون) [الأعراف – 29]، وبقوله: (وهو الذي يبدأ الخلق ثم يعيده وهو أهون عليه) [الروم – 27]، يقول: وهو هيِّن عليه، فنبَّههم بهذه الآيات على أنَّ مَنْ[103] قدَر [أن][104] يفعل فعلًا لا على مثالٍ سَبَقَ فهو قادر أن يفعل محدَثاً، وهو أهون عليه فيما بينكم وتعارفكم.

19. فأمَّا الباري تعالى فليس خَلْقٌ أهْوَنَ عليه مِن الآخَر. وقد قيل: إنّ الهاء في عليه كنايةٌ عن الخلق، تقديرُه[105]: أنّ البعث والإعادة أهونُ على أحدكم وأخفُّ عليه مِن ابتداء خَلْقه، لأنّ ابتداء خلقه إنّما يكون بالولادة والتربية، وقطع السُّرة والفِطام، وخروج الأسنان، وغير ذلك مِن الآفات الموجِعة المؤلمة. وإعادتُه إنّما تكون دفعة واحدة، وليس فيها شيء من ذلك، فهو أَهْوَنُ عليه مِن ابتدائه. فهذا ما احتجَّ به على الطائفة المُقِرَّة بالخلق الأوَّل.

20. وأمَّا الطائفة التي أنكرت الخلق الأوَّل والثاني وقالت بقِدَم العالَم فإنما دخلت عليهم شُبهة أنْ قالوا: وجدنا الحياةَ حارَّة رطبة والموتَ بارداً يابساً، وهو طبع التراب، فكيف يجوز أن تجمع بين الحياة والتراب والعظام النَّخِرة، فيصير خَلْقاً سَوِيّاً[106]. والضدّان لا يجتمعان في محلّ واحد، ولا على الجملة، ولا في الوجود، وإنّما يصحُّ وجودهما في المحلين على سبيل المجاورة.

21. فاحتجّ الله تعالى عليهم بقوله: (وضرب لنا مثلا ونسي خلقه) إلى قوله: (قل يحييها الذي أنشأها أول مرة وهو بكل خلق عليم الذي جعل لكم من الشجر الاخضر نارا) الآية [يس – 79–80]. [114/ب]

---

103 كتبت الكلمة في الهامش.
104 ساقطة في الأصل.
105 في الأصل: تقدوه.
106 في الأصل: شرا.

17. Aussi, Dieu a appris à son Prophète deux façons d'argumenter contre ceux qui nient la résurrection et qui sont d'ailleurs deux groupes : un premier qui a reconnu la première création mais a renié la deuxième, et un autre groupe qui les a niés toutes deux et qui a cru en l'éternité du monde.
18. Il a ainsi rétorqué à celui des deux groupes qui a reconnu la première création par Sa parole : « Réponds : ces os seront ramenés à la vie par Celui qui les a créés une première fois » [*Cor.* XXXVI, 79] ; Sa parole : « comme il vous a créé une première fois, vous retournerez [à l'existence] » [*Cor.* VII, 29] et enfin par Sa parole : « Il est Celui Qui a fait apparaître la création à l'existence, puis la refera exister, et cela Lui est d'autant plus simple » [*Cor.* XXX, 27], c'est-à-dire que cela Lui est tout autant facile. A travers ses versets, Il les a ainsi avertis quant au fait que Celui qui est capable de faire un acte semblable est tout à fait capable d'en faire un autre en parallèle. Et ceci est même, dans votre référentiel, encore plus simple.
19. Quant au Créateur, il n'est pas une création qui Lui soit plus facile qu'une autre. Il a été cependant dit que le pronom *hā* dans *'alayhi* revient à la création ; il faudrait alors comprendre : la résurrection et le fait de recréer les corps est plus facile pour chacun de vous que votre venue au monde. En effet, chacun débute son existence par l'accouchement, l'éducation, la scission du cordon ombilical, le sevrage, la pousse des dents et encore d'autres crises douloureuses, alors que la résurrection se fait d'un coup sans rien de tout cela ; c'est donc, pour l'homme, beaucoup plus facile que sa première création. Tel est l'argument qui a été invoqué contre le premier groupe, qui reconnaît la première création.
20. Quant au groupe qui a nié à la fois la première et la deuxième création, et qui a dit que ce monde était éternel, ils ont en fait été influencés par un pseudo-argument qui consiste à dire : « *Nous avons trouvé que la vie est de nature chaude et humide alors que la mort est associée à ce qui est froid et sec, ce qui est d'ailleurs le tempérament de la terre. Or, comment est-il alors possible d'unir la vie, la terre, et les os assimilées pour en faire une création équilibrée, sachant que deux contraires ne se rassemblent pas en un seul réceptacle, ni même globalement, ni même de façon effective ? C'est plutôt dans deux réceptacles différents que leur existence est possible, et par cohabitation* ».
21. Dieu leur a répondu par Sa parole : « Il nous a donné une parabole, mais a oublié sa propre création » [*Cor.* XXXVI, 78] jusqu'à Sa parole : « Réponds : 'Les ramènera à la vie Celui Qui les a créés la première fois. Et Il est parfaitement au fait de toute la création, Lui Qui vous a fait du feu à partir d'un arbre verdoyant » [*Cor.* XXXVI, 79–80].

22. فردَّهم إلى ما يعرفونه ويشاهدونه مِن خروجِ النارِ على حَرِّها ويُبسها من الشجر الأخضر على بردها ورطوبتها، فجعل جوازَ النشأة الأولى دليلًا على جواز النشأة الأخرى؛ لأنها في معناها، وجعل مجاورةَ النار على حرِّها ويبسها الشجر الأخضر على بردها ورطوبتها دليلًا على أنّ مجاورة الحياة للتراب والعظام النخرة فيجعلها خلقاً سويّاً.

23. فأمَّا احتجاجُ المتكلِّمين على أنّ الحوادث لها أوَّل، وردُّهم على الدهريّة أنه لا حركة إلاَّ وقبلها حركة، ولا يوم إلاَّ وقبلها يوم. والكلامُ على مَنْ قال: ما مِن جزء إلاَّ وله تصرُّف إلى غير غاية، فأصلُه في السُّنة، حين قال: لا عدوى ولا طِيَرة. فقال الأعرابيُّ: فما بال الإبل الجرباء فتجرب؟ فقال النبيُّ عليه السَّلام: مَنْ أعْدى الأوَّل؟، فسكت الأعرابيُّ لمَّا أفحمه النبيُّ عليه السَّلام بالحُجَّة المعقولة.

24. وكذا نقول لمَن زعم أنه لا حركة إلاَّ وقبلها حركة. لو كان الأمرُ هكذا لم يَحْدُثْ منها واحدة، لأنّ ما لا نهاية له لا حُدُوثَ له.

25. وكذلك لما قال الرجلُ: يا رسول الله، إنّ امرأتي ولدت غلاماً أسودَ. وعرَّض لنَفْيه. فقال له النبيُّ عليه السَّلام: هل لك من إبل؟ قال: نعم، قال: فما ألوانُها؟ قال: حُمْر. فقال النبيُّ عليه السَّلام: هل فيها مِن أَوْرَقَ؟ قال: نعم، إنّ فيها أورق، قال: فما ترى ذلك؟ قال: لعل عِرْقاً نزعَه، فقال له النبيُّ عليه السَّلام: ولعل ولدَك نزعَه عِرْقٌ.

22. Il les a donc ramenés à ce qu'ils connaissent et observent, comme l'obtention du feu, qui est pourtant chaud et sec, à partir de l'arbre verdoyant, qui est pourtant froid et humide. Il a ainsi établi la possibilité de la première création comme preuve de la possibilité de la seconde, car elle en porte la même signification. Il a fait que la cohabitation du feu, malgré sa chaleur et son caractère sec, avec l'arbre verdoyant, malgré sa nature froide et humide, est une preuve que la cohabitation de la vie avec le sable et les eaux font que cette création est équilibrée.
23. Quant à l'argumentation des théologiens pour dire que les éléments adventés ont un début contrairement aux Dahriyya[156] qui prétendaient qu'il n'y a pas de mouvement sans qu'il y en ait eu un autre antérieur, ni de jour sans qu'il y ait eu un jour antérieur, ou pour répondre à celui qui dit qu'il n'y a pas d'élément sans qu'il ne soit divisible à l'infini, le texte de référence est la Tradition. En effet, le Prophète a dit[157]: « *Point de contagion [créatrice] ni d'augure* ». Un bédouin demanda alors : « *Quid de la chamelle galeuse qui transmet à son tour la gale aux autres chamelles ?* ». Ce à quoi le Prophète répondit : « *Qui a donc a transmis la gale à la première ?* ». Le bédouin s'est ainsi tu, réduit au silence par la preuve rationnelle du Prophète.
24. Nous répondons pareillement à celui qui prétend qu'il n'y a pas de mouvement sans un mouvement préalable, etc. Si tel était le cas, pas un seul des mouvements ne serait entré en existence, puisque ce qui n'a pas de fin n'a pas d'adventicité.
25. De même, lorsqu'un homme déclara au Prophète[158] : « *Ô Messager de Dieu, ma femme a accouché d'un enfant noir* », sous-entendant qu'il comptait le renier. Le Prophète l'interrogea alors :
    - *As-tu des chameaux ?*
    - *Oui*, répondit-il.
    - *De quelle couleur sont-ils ?*
    - *Brune.*
    - *En as-tu certain au poil grisâtre ?*
    - *Oui, j'en ai aussi.*
    - *Pourquoi d'après toi ?*
    - *Sûrement en raison d'un trait hérité de leur ascendance.*
    - *Et c'est sûrement ce qui est arrivé à ton fils.*

---

156 Groupe de matérialistes critiqués par les théologiens pour avoir cru que le monde n'existe que par l'effet du temps sans création divine.

157 *Concordance*, III, p. 327.

158 *Concordance*, IV, p. 198.

26. فهذا ما علَّمه الله تعالى مِنْ رَدِّ الشيء إلى شَكله ونظيره. وبهذا يُحتجّ على مَن قال: إن الله تعالى يُشبه المخلوقات، وإنه جِسْم، [115/أ] أن نقول له: لو كان يشبه شيئاً من الأشياء لكان لا يخلو: أن يُشبهه مِنْ كل جهاته. أو يشبهه من بعض جهاته.

27. فإنْ كان يُشبه كلَّ جهاته أوجب أن يكون مُحْدَثاً مِن كل جهاته. وإنْ كان يُشبهه مِن بعض جهاته وجب أنْ يكون مُحْدَثاً مثله مِن حيث أشبهها؛ لأنّ كل مشتبهين حُكْمُهما حكمٌ واحد فيما اشتبها به، ويستحيل أن يكون المُحْدَثُ قديماً والقديمُ مُحْدَثاً.

28. وقد قال الله تعالى: (ليس كمثله شيء) [الشورى – 11]. وقال: (ولم يكن له كفوًا أحد) [الإخلاص – 4].

29. فأمَّا أصلُنا في المناقضة على الحُكْم في النظر فمأخوذٌ مِن سُنَّة رسول الله عليه السَّلام، وذلك تعليمُ الله تعالى إيَّاه حين لَقِي الحَبْرَ السمين، فقال: نشدتُك بالله، هل تجد فيما أنزل الله تعالى على موسى في التوراة أن الله يُبغض الحَبْر السمين؟ فغضب الحبرُ حين عيَّره بذلك، فقال: (ما أنزل الله على بشر من شيء) [الأنعام – 91]، فقال الله تعالى: (قل مَنْ أنزل الكتاب الذي جاء به موسى) [الأنعام – 91]، فناقضه لأنّ التوراة شيء، وموسى بشَر، وقد كان الحبرُ مُقِرّاً بأن الله تعالى أنزل التوراة على موسى.

30. وكذلك ناقض الذين زعموا أن الله عهد إليهم أن لا يؤمنوا لرسول حتى يأتي بقربان تأكله [النار]، فقال سبحانه: (قل قد جاءكم رسل من قبلي بالبينات وبالذي قلتم فلم قتلتموهم) [آل عمران – 183].

31. وأمَّا أصلُنا في استدراكنا مغالطةَ الخصوم فمأخوذٌ مِن قوله تعالى: (إنكم وما تعبدون من دون الله حصب جهنم) [الأنبياء – 98]. فلمَّا نزلتْ قال ابن الزِّبَعْرى -وكان خصما جَدِلًا: خصمتُ محمَّداً وربِّ الكعبة، فقال: يا محمد؛ ألستَ تزعمُ أنّ عيسى وعُزَيراً والملائكةَ عبادٌ صالحون؟ قال: أجل، قال: فإنّ النصارى تعبد عيسى، وطائفةٌ مِن اليهود تعبد عُزَيراً، وهذا بنو عَمْرة[107] يعبدون الملائكة، فيلزمك [115/ب] أنْ يكونوا

107 كذا في الأصل.

26. C'est ainsi que Dieu a enseigné comment ramener la chose à son équivalent ou semblable. C'est aussi ainsi que l'on rétorque à celui qui dit que Dieu ressemble à une créature, ou bien qu'Il est un corps : en lui disant que s'Il ressemblait à une chose donnée, alors de deux choses l'une : soit Il lui ressemblerait en tout point de vue, ou partiellement uniquement.
27. S'Il lui ressemblait de tous les points de vue, cela impliquerait qu'il soit adventé de tous les points de vue. Et s'Il lui ressemblait de certains points de vue seulement, cela impliquerait alors qu'Il soit adventé comme lui, en ce que l'Un ressemble à l'autre. En effet, deux semblables ont un même statut dans ce en quoi ils sont semblables. Il est donc impossible que l'adventé soit prééternel, ni que le prééternel soit adventé.
28. Et Dieu a en effet dit : « Rien n'est tel que Lui » [*Cor.* XLII, 11] et Il a dit « Et Il n'a pas de semblable » [*Cor.* CXII, 4].
29. Notre élément principal pour répondre à ceux qui contestent le statut de l'examen est tiré de la Tradition du Messager de Dieu, puisque Dieu lui a enseigné, lorsqu'il a rencontré l'érudit corpulent[159], de lui dire « *Je te demande par Dieu : trouverais-tu dans ce que Dieu a révélé à Moïse, dans la Torah, le passage disant que Dieu n'aime pas l'érudit corpulent ?* ». Humilié, l'érudit se mit en colère et déclara : Dieu n'a rien révélé à l'être humain. Dieu répondit, « Réponds : Qui donc a révélé le livre à Moïse ? » [*Cor.* VII, 91] Il a donc été contredit, parce que la Torah est une chose, et Moïse est un être humain. Or, cet érudit reconnaissait que Dieu avait révélé la Torah à Moïse.
30. De même, le Prophète a contredit ceux qui ont prétendu que Dieu leur avait fait s'engager à ne pas croire en un messager avant qu'il ne présente une offrande consumée par le feu. Dieu a alors dit, « Réponds : les prophètes avant moi sont venus à vous avec des signes évidents, et avec ce que vous avez dit, alors pourquoi les avez-vous tués ? » [*Cor.* III, 183].
31. En ce qui regarde notre principe consistant à corriger l'erreur de l'adversaire, il est tiré de Sa parole : « Vous et ce que vous adorez autre que Dieu serez un combustible pour l'enfer » [*Cor.* XXI, 98]. Lorsque ce verset a été révélé, Ibn al-Ziba'rā[160], qui était un adversaire virulent, dit : « *J'ai battu Muḥammad par le Seigneur de la Ka'ba !* », et il ajouta : « *Ô Muḥammad, n'est-ce pas que tu prétends que Jésus, Ezra et les anges sont des esclaves vertueux ?* ». « *Bien sûr* », acquiesça

159 Je ne l'ai pas trouvé, si ce n'est dans des ouvrages d'exégèse, d'après Sa'īd b. Jubayr. Le rabbin en question s'appellerait Mālik b. al-Ṣayf. Voir : Ṭabarī (al-), *Jāmi' al-bayān*, XI, p. 561.

160 'Abd Allāh b. al-Ziba'rā : poète de Quraysh très virulent contre le Prophète. Après la conquête de la Mecque, il fuit à Najrān avant de retourner au Prophète à qui il annonce sa conversion à l'islam. Il meurt vers l'an 15/636.

حصبَ جهنم. فسكت النبيُّ عليه السَّلام – لا سكوت عِيّ ولا منقطع- تعجُّباً مِن قوله لأنه ليس في الآية دخولُ عيسى وعزير والملائكة؛ لأنه لم يَقُلْ: وكلُّ ما عبدتم مِن دون الله، وإنّما أراد ابن الزبعرى مغالطةَ النبيِّ عليه السَّلام ليُوهِم قومَه أنه قد حاجَّه.

32. فأنزل الله تعالى: (إن الذين سبقت لهم منا الحسنى أولئك عنها مبعدون) [الأنبياء – 102]. يعني: مِن المعبودين. فقرأها النبيُّ عليه السَّلام فضحكوا عند ذلك لئلا ينتشر انقطاعُهم وغلطُهم. وقالوا: (آلهتنا خير أم هو) [الزخرف – 57]، يعنون عيسى. فأنزل الله تعالى: (ولما ضرب ابن مريم مثلًا إذا قومك منه يصدون وقالوا آلهتنا خير أم هو ما ضربوه لك إلا جدلا بل هم قوم خصمون) [الزخرف – 57–58].

33. فكلُّ ما ذكرنا مِن الآي والخبَر وما لم نذكر ممَّا يطول ذِكْرُه هو أصلٌ لنا، وحُجَّة في الكلام؛ لأنّ ما حدَث بعينه في سائر العقليات في أيّام النبيِّ عليه السَّلام والصحابة قد تكلَّموا فيه نحو ما ذكرنا.

le Prophète. Et le premier de renchérir : « *Pourtant, les chrétiens adorent Jésus, et une partie des juifs adorent Ezra et les Banū ʿAmra*[161] *adorent les anges. Il implique donc, selon toi, que tout ceux-là deviennent des combustibles de l'enfer ?* ». Le Prophète s'est alors tu, non par ignorance ni par réduction au silence, mais étonné de son propos, parce qu'il n'y a rien dans le verset qui inclue Jésus, ni Ezra, ni les anges, parce qu'Il n'a pas dit : « *tout ce que vous avez adoré autre que Dieu* ». En réalité, Ibn al-Zibaʿrā voulait donner l'impression que le Prophète s'est contredit, afin que son peuple pense qu'il l'a battu au débat.

32. Dieu a alors révélé, « Certes, ceux pour qui il a été acté qu'ils recevront la belle récompense, eux en seront éloignés [du feu de l'enfer] » [*Cor.* XXI, 102] à comprendre : parmi les choses adorées. Lorsque le Prophète la leur récita, ils se mirent à rire, pour camoufler leur faute et leur incapacité à répondre. De même, lorsqu'ils ont dit : « Nos divinités sont-elles les meilleures, ou bien est-ce lui ? » [*Cor.* XLIII, 57], en visant, Jésus, Dieu a révélé en réponse : « Lorsque le fils de Marie a été pris en parabole, voici que des gens de ton peuple s'en détournent, interrogeant : ‹Nos divinités sont-elles meilleures, ou bien est-ce lui ?› Ils n'ont dit cela que par pure rhétorique ; ce sont certes des gens qui aiment polémiquer » [*Cor.* XLIII, 57–58].

33. Tout ce que nous avons donc cité comme versets et traditions, et tout ce que nous n'avons pas dit, qui serait trop long d'aborder, constituent nos preuves fondamentales en faveur du *kalām*, parce qu'à chaque évènement faisant intervenir la raison qui s'est produit à l'époque du Prophète et des Compagnons, ceux-ci s'y sont exprimés de la façon citée.

161 Je n'ai pas pu identifier cette tribu.

الجواب الثالث:

34. أنّ هذه المسائل التي سألوا عنها قد عَلِمها النبيُّ عليه السَّلام مُفصَّلًا، ولم يجهلْ شيئاً منها، غير أنها لم تحدثْ في أيَّامه مُعيَّنة فيتكلَّم فيها أو لا يتكلم، وإن كان أصولُها موجودة في الكتاب والسُّنة.

35. وما حدث مِن شيء ممّا[108] له تعلُّق بالدِّين مِن جهة الشريعة فقد تكلَّموا فيه، وبحثوا عنه، وناظروا فيه وجادلوا، كمسائل العَوْل، والغَرقى، والخنثى، والأكدريّة، والمشتركة، والجدّ مع الإخوة، والجدّات، من مسائل الفرائض، وغير ذلك من الأحكام، كالحرام، والبائن، والبتَّة، وحبلُك على غاربك، وكالمسائل من الحدود، والطلاق، ممَّا يكثُر

108 في الأصل: ما.

Troisème réponse

34. Elle consiste à avancer que le Prophète connaissait en détail toutes ces questions évoquées et n'en ignorait rien, mais qu'elles ne sont pas apparues à son époque de sorte qu'il ait à s'exprimer ou non à leur sujet, et ce, même si les fondements dont elles relèvent sont présents dans le Livre et la Sunna.
35. Il n'est pas un seul point en lien avec la religion qui ne soit survenu par la suite sans que [les Compagnons] ne se soient engagés dans des investigations, des débats et des controverses à leur sujet. C'est le cas par exemple dans le droit successoral[162], avec les questions liées à la répartition de l'héritage en cas de parts excédentaires (*ʿawl*), [de l'héritage] des morts par noyade, celui de l'hermaphrodite, de la configuration dite *akdariyya*, de l'autre nommée *mushtaraka*, de l'héritage du grand-père avec les frères [du défunt], ou encore celui des grands-mères. C'est aussi valable pour d'autres statuts légaux, comme l'interdit, le divorce irrévocable (*al-bāʾin*)[163], le prononcé définitif de celui-ci (*al-batta*)[164], le cas [de type] « Garde ta corde à ton cou » (*ḥabluk ʿalā ghāribik*)[165], les ques-

---

162 Plusieurs points du droit successoral islamique (*ʿilm al-farāʾiḍ*) sont postérieurs à la mort du Prophète et ont été l'objet de débats entre les Califes, mais aussi d'autres Compagnons comme Zayd b. Thābit, souvent considéré comme le « père » de la discipline. Le *ʿawl* est un phénomène qui se produit lorsque la somme des parts fixes attribuées aux héritiers dépasse l'ensemble de la succession, la somme totale des fractions devenant supérieure à 1. Ex : une défunte laisse comme héritiers une sœur germaine (part d'héritage = ½), une demi-sœur par le père (=1/6), et un mari (=1/2). La somme des fractions donnant 7/6, le *ʿawl* consiste à faire du numérateur le nouveau dénominateur ; le mari et la sœur germaine auront chacun 3/7 et la demi-sœur aura 1/7. En marge des grandes règles de succession, quelques cas de figure rares ont pu être discutés, comme l'héritage de l'hermaphrodite (s'il est considéré comme frère ou sœur du défunt), ou le cas de proches parents morts de noyade ce qui peut poser problème pour le partage quand on ignore le premier des deux à être décédé. D'autres cas apparaissent comme des exceptions, ont fait l'objet de débat chez les Compagnons. La configuration dite *akdariyya* est une exception de la règle générale de succession des frères et du grand-père, donnant lieu à un partage particulier entre la sœur du défunt et son grand-père. La *mushtaraka* est une exception de la règle de répartition des héritages des frères et consiste à inclure les frères germains aux frères par la mère dans leur accès au tiers de l'héritage.

163 Le divorce *bāʾin* se distingue donc du divorce *rajʿī*, qui permet au couple de se remettre ensemble sans contracter un nouveau mariage.

164 C'est le cas de celui qui prononce trois fois le divorce.

165 Il s'agit d'une métaphore usitée chez les Arabes dans laquelle la personne est comparée à un chameau. Contrairement à ce que l'expression peut faire comprendre lors d'une première lecture, son sens est celui de la liberté totale : le chameau qui a sa corde à son propre omoplate (*ghārib* est entre le cou et la bosse) n'est plus tenu de porter le fourrage et donc peut ainsi aller où bon lui semble. Cette phrase comptait chez les Arabes avant l'islam parmi les formules de divorce, et a fait l'objet a fait l'objet de discussions à l'époque de ʿUmar.

ذِكْرُها [116/أ] ممَّا حدثت في أيامهم، ولم يجئ في واحد منها نصٌّ عن النبي عليه السَّلام بعينه؛ لأنه لو نصَّ على جميع ذلك لما اختلفوا فيها.

36. وهذه الأشياءُ وإن لم يكن في كل واحدٍ منها بعينه نصٌّ عن النبي عليه السَّلام، فإنهم ردُّوها، وقاسوها على ما فيه نصٌّ من كتاب الله أو سنة باجتهادهم.

tions de peine arbitrales (*ḥudūd*)[166] et encore d'autres sujets qu'il serait trop long à citer et qui font partie des choses qui ont eu lieu à leur époque. Pourtant, rien de tout cela n'a été attesté par un texte explicite du Prophète ; s'il avait explicitement indiqué ces choses, il n'y aurait pas eu de divergence.

36. Même si ces questions n'ont pas un texte précis pour chacune d'elles, ils les ont quand même analysées et, par leur effort de déduction (*ijtihād*), les ont soumises à une analogie avec ce qui comportait un texte explicite du Livre ou bien de la Sunna.

166 Je n'émende en ne retraduisant pas *ṭalāq* ici, pour éviter la redondance.

فَصْلٌ:

37. فأمَّا حوادثُ تحدث في الأصول في تعيين مسائل، فينبغي لكلّ عاقل مسلم أن يَرُدَّ حُكمَها إلى جملة الأصول المتّفق عليها بالعقل والحِس والبديهة، وغير ذلك؛ لأن حكم مسائل الشرع التي طريقُها السمعُ يجب أنْ يكون مردوداً إلى أصول الشرع التي طريقُها السمع، وحُكْمُ مسائل العقليّات والمحسوسات فإنما يردّ كلُّ شيءٍ مِن ذلك إلى بابه. ولا تخلط العقليات بالسمعيات، ولا السمعيات بالعقليات.

38. ولو وُجِدَتْ في أيام النبيِّ عليه السَّلام من [خَلْق] القرآن والجزء والطفرة بهذه الألفاظ لتكلّم فيها، وبيَّن كما بيَّن سائرَ ما حدَث في أيامه.

39. **سؤالٌ عليهم**: ثم يُقال لهم: فالنبي عليه السَّلام لم يصحَّ عنه حديثٌ في أن القرآن مخلوق أو غير مخلوق، فلم قُلتم: إنه غير مخلوق؟

40. **فإن قيل**: فقد قال فيه بعضُ الصحابة وبعض التابعين. **قُلنا**: يلزم الصحابيَّ والتابعيَّ مثل ما يلزمكم من أن يكون مُتبدِعاً ضالًّا على زعمكم؛ إذ قال ما لم يُعلِّمنا النبيُّ عليه السَّلام.

41. **فإن قال**: أنا أتوقف في ذلك، ولا أقول: مخلوق، ولا غير مخلوق. **قيل له**: فأنت في توقّفك في ذلك مبتدعٌ ضالٌّ؛ لأن النبيَّ عليه السَّلام لم يقل: إن حدَثت هذه الحادثة بعدي فتوقَّفوا فيها، ولا تقولوا فيها شيئاً، ولا قال: ضلِّلوا وكفِّروا مَنْ قال بخَلْقه، ومَنْ قال بنَفْي خلقه.

42. **وخبِّرونا**: لو قال قائلٌ: عِلْمُ الله مخلوق أكنتم تتوقَّفون في ذلك؟ [116/ب]

43. **فإن قالوا**: لا. **قيل لهم**: فلَمْ يقُل النبيُّ عليه السَّلام ولا الصحابةُ في ذلك شيئاً.

44. وكذلك لو قال لكم قائل: هل ربُّكم شبعان، أو ريَّان، أو عاري، أو مكتسي، أم مقرور، أو محرور، أو صفراوي، أو مرطوب[109]، أو جسم، أو عرض أو هل له أنف، أو قلب، أو كبد؟ وهل يحجّ ويعتمر في كل سنة؟ ويركب الخيل أم لا؟ أكان ينبغي أن يسكت

---

109 في الأصل: مرظوب.

Section

37. Quant aux événements passés touchant aux fondements dans des cas précis, le musulman raisonné doit les rapporter à un ensemble de principes faisant consensus de par la raison, la perception sensorielle, et la présence d'esprit etc. En effet, le statut des questions de la Loi dont la seule voie d'accès est la révélation doit être rapporté aux à ses fondements propres, et il en est de même pour le statut des questions liées à la raison ou la perception sensorielle ; on doit se référer à leurs fondements de référence. On ne doit pas mêler le rationnel au donné révélé, et vice-versa.
38. S'il avait été question, à l'époque du Prophète, de [la création] du Coran, de l'élément, ou du bond, en ces termes-là, celui-ci en aurait certes parlé et en aurait donné un exposé clair, comme il l'a fait pour ce qui est survenu à son époque.
39. C'est à présent à eux de répondre à une question : le Prophète n'a, dans un seul *hadith* qui soit authentique, jamais dit que le Coran était créé ou incréé. Pourquoi dites-vous donc qu'il n'est pas créé ?
40. S'ils répondent que certains Compagnons et Suiveurs l'ont dit avant nous, nous leur rétorquerons qu'il sera valable pour les Compagnons et les Suiveurs ce qui l'est pour vous, à savoir qu'ils devraient être alors jugés – selon votre raisonnement – innovateurs et égarés, pour avoir dit ce que le Prophète ne nous a pas appris.
41. Si l'un d'eux dit : je m'abstiens de porter un seul jugement et je ne dis pas qu'il est créé ou non créé, nous lui répondrons : toi, dans ta suspension de jugement, tu es tout autant un innovateur égaré parce que le Prophète n'a pas non plus dit : ‹Si cette question venait à se poser après moi, alors vous devrez suspendre votre jugement et ne rien dire à son sujet›. Il n'a pas non plus dit : déclarez égaré et mécréant celui qui a dit que le Coran était créé et celui qui a dit qu'il n'était pas créé.
42. Informez-nous plutôt : suspendriez-vous aussi votre jugement si quelqu'un disait que la science de Dieu est créée ?
43. S'ils disent que non, on leur dira : pourtant, ni le Prophète ni les Compagnons ne se sont exprimés sur ce sujet.
44. De même, si quelqu'un vous interroge : votre Seigneur est-il rassasié, ou a sa soif étanchée ? Ou bien est-il nu, ou habillé ? Est-il frileux, ou fiévreux, ou souffre-t-il de bile, ou d'humidité ? Ou bien est-il un corps, ou un accident ? Ou bien est-ce qu'il a un nez, ou un cœur, ou un foie ? Est-ce qu'il fait petit et grand pèlerinage annuellement ? Est-ce qu'il monte ou non à cheval ? Est-ce qu'il incombe à ce moment de se taire face à ces questions, parce que le Prophète ne s'est pas exprimé sur celles-ci, ni ses Compagnons ? Ou bien, lui expo-

عنه لأنّ النبي عليه السلام لم يتكلم[110] في شيء مِن ذلك ولا الصحابةُ أوَ كنتَ تبيّن له أنّ ذلك لا يجوز على الله تعالى لأجل كذا وكذا، وحُجَّة كذا أو كذا.

45. **فإن قال:** أسكتُ عنه ولا أجيبه بشيء، أو أهجره وأقوم عنه، أو لا أسلِّم عليه، ولا أعوده إذا مرض، ولا أشهد جنازته إذا مات. **قيل له:** يلزمك أن تكون في جميع ذلك ضالًّا مبتدعاً؛ لأن النبيّ عليه السَّلام لم يقُلْ: مَنْ سأل عن شيء مِن ذلك فاسكتوا عنه واهجروه. ولِمَ لَمْ تسكتوا عمَّن قال بخلق القرآن؟ ولِمَ كفَّرتموه؟ ولَمْ يَرِدْ عن النبي عليه السَّلام حديثٌ صحيح في نَفْي خَلْقه ولا تكفير من قال بخَلْقه.

46. **فإن قالوا:** أحمدُ قال بتكفير مَنْ قال بخَلقه. **قيل:** فلِمَ لَمْ يسكُتْ[111] أحمد عن ذلك؟ **فإن قالوا:** لأنّ وكيعاً[112] وعبد الرحمن بن مهديّ وعبَّاساً العنبري وفلاناً وفلاناً قالوا: غير مخلوق، ومَنْ قال مخلوق فهو كافر. **قيل:** ولِمَ لَمْ يسكتْ أولئك كما سكت النبيُّ عليه السَّلام عنه؟ **فإنْ قالوا:** لأنّ عمرو بن دينار وسفيان بن عُيَينة وجعفر بن محمد وفلان وفلان قالوا: لا خالق ولا مخلوق. **قيل لهم:** ولِمَ لَمْ يسكتْ أولئك عن تلك المقالة، ولَمْ يَقُلْها النبيُّ عليه السَّلام؟ وهكذا الجوابُ إن أحالوا ذلك على قول صحابي. **فإن قالوا:** لا بد للعالِم من الكلام في الحادثة ليعلم الجاهلُ حُكْمَها. **قيل:** فهذا الذي أردنا منكم، فلِمَ

110 في الأصل: كلم.
111 في الأصل: لا سكت.
112 في الأصل: وكيع.. وعباس.. وفلان وفلان.

seriez-vous à cette personne que tout ceci n'est pas possible s'agissant de Dieu, pour x et x raison, en vertu de x et x argument ?

45. Si l'un d'eux répond : Je me tais et m'abstiens de lui répondre ; ou bien je m'éloigne de lui et je m'en vais, ou je ne lui passe plus le *salām* et je ne le visite plus lorsqu'il tombe malade, et je n'assisterai pas à son enterrement s'il meurt, nous lui rétorquons : cela implique que tu deviennes égaré et innovateur, parce que le Prophète n'a jamais dit : ‹Celui qui interroge sur quoi que ce soit que cela, alors taisez-vous, et éloignez-vous de lui›. Et pourquoi alors ne vous êtes-vous pas tus face à celui qui a dit que le Coran était créé ? Et pourquoi l'avez-vous déclaré mécréant alors qu'il n'a pas été rapporté du Prophète une seule tradition authentique, indiquant sa non-création, ou déclarant mécréant celui qui dit qu'il est créé ?

46. S'ils disent : « l'Imām Aḥmad a fait le *takfīr* de celui qui dit qu'il est créé », nous leur répondrons : pourquoi donc Aḥmad ne s'est pas tu face à ça ? S'ils répondent : « Parceque Wakī'[167], 'Abd al-Raḥmān b. Mahdī[168], et 'Abbās al-'Anbarī[169], et Untel et Untel autre ont dit qu'il n'était pas créé, et que celui qui dit le contraire est mécréant », nous leur rétorquerons : pourquoi eux non plus ne se sont pas tus comme le Prophète s'est tu ? S'ils répondent : « 'Amr b. Dīnār[170], Sufyan b. 'Uyayna[171], et Ja'far b. Muhammad[172], et Untel, et Untel autre ont dit qu'il n'est ni créateur ni créé », on leur répondra : Mais pourquoi donc ceux-là ne se sont pas tus alors que le Prophète ne s'est pas exprimé là-dessus ? Et nous répondrons pareillement jusqu'à ce qu'ils remontent à la parole d'un Compagnon. Si finalement ils répondent : « Le savant doit s'exprimer au sujet d'un cas donné lorsque celui-ci se produit afin que l'ignorant en connaisse le statut légal », nous dirons : c'est la réponse que nous attendions de vous ! Pourquoi donc avez-vous interdit le *kalām* ? En réalité, quand bon vous semble, vous le pratiquez, mais dès lors que vous êtes réduit au silence, vous affirmez : « Il

---

167 Wakī' b. al-Jarrāḥ (197/812) : traditionniste de Koufa. Il est l'un des maîtres d'Aḥmad.

168 'Abd al-Raḥmān b. Mahdī (198/814) : spécialiste de *ḥadīth* de Bassorah, il eut pour maître Sufyān al-Thawrī.

169 'Abbās b. 'Abd al-'Aẓīm al-'Anbarī (246/862) : traditionniste de Koufa. Aḥmad et 'Abd al-Raḥmān b. Mahdī comptent parmi ses maîtres.

170 'Amr b. Dīnār (126/743) : traditionniste de la génération des Tābi'īn originaire de la Mecque. Il a, entre autres, étudié auprès d'Ibn 'Abbās, et a été le maître d'Ibn 'Uyayna.

171 Sufyān b. 'Uyayna (198/814) : traditionniste appartenant à la génération des Atbā' al-Tābi'īn. Natif de Koufa, il meurt à la Mecque. Il compte parmi les maîtres d'Ibn Ḥanbal, de 'Abd al-Raḥmān b. Mahdī, et d'autres.

172 Ja'far b. Muḥammad, dit Ja'far al-Ṣādiq (148/765) : arrière-petit-fils d'al-Ḥusayn, il compte parmi les *imām-s* d'Ahl al-Bayt.

منعتُم الكلامَ؟ فأنتم إن شئتم تكلّمتم، حتى إذا انقطعتم قُلتم: نُهينا عن الكلام، وإن شئتم قلَّدتم مَن قَبْلكم [117/أ] بلا حُجَّة، هذه شهوةٌ وتحكُّم.

47. [ثم] يُقال لهم: والنبيُّ عليه السَّلام لم يتكلم في الدَّوْر والوصايا، ولا في العتق والدَّيْن، ولا في حساب المناسخة، ولا صنَّف فيه كتاباً كما صنَّفه أبو حنيفة، ولا صنَّف كتاباً في السُّنَن والفقه كما صنَّفه مالكٌ والثوريّ والأوزاعيّ والشافعيّ، وغيرُهم.

48. فيلزم أن يكونوا مبتدعة؛ إذ فعَلوا ما لم يفعله النبيُّ عليه السَّلام، وقالوا ما لم يقله، وقالوا بتكفير القائلين بخَلْق القرآن، ولم يقلْه النبيُّ صلى الله عليه وسلم.

49. تَمَّ، والحمدُ لله.

nous a été interdit d'utiliser le kalām », et suivez, sans argument et quand bon vous semble, l'avis d'un prédécesseur, agissant selon vos penchants de manière arbitraire.

47. En outre, nous leur rappelons ceci : le Prophète n'a pas parlé du cercle vicieux[173] (*al-dawr*), ni des testaments, ni au sujet de l'affranchissement ou de la dette, ni au sujet du calcul de la succession dite *munāsakha*[174]. Il n'a pas non plus écrit de livre à ce sujet comme l'a fait Abū Ḥanīfa, ni sur les Traditions ou le droit musulman comme l'a fait Mālik, al-Thawrī[175], al-Awzāʿī[176], al-Shāfiʿī et d'autres.
48. Cela reviendrait à dire qu'ils sont innovateurs, puisqu'ils ont fait ce que le Prophète n'a pas fait, et qu'ils ont dit ce qu'il n'a pas dit ; en effet, ils ont dit que celui qui dit que le Coran est créé est mécréant, ce que le Prophète n'a pas dit.
49. Fin du texte, et la louange est à Dieu.

---

173 Le *dawr* ici ne renvoie pas à une terminologie de *kalām*, mais, encore une fois, de droit successoral musulman. Il désigne une situation de dépendance circulaire en matière d'héritage, ou un élément peut en entraîner un autre qui l'annule. Le *dawr* est souvent illustré par le cas d'un héritier qui reconnaitrait que son frère défunt est bien le père d'un individu venu réclamer sa part de l'héritage. Or, cette reconnaissance annulerait son propre droit à l'héritage (vu que le fils exclut le frère). Or, si le frère n'hérite pas, sa reconnaissance deviendrait non avenue car il aurait ainsi perdu le statut d'héritier. On est donc face à un cas où un accès à l'héritage dépend d'une reconnaissance qui entraîne l'exclusion de l'héritage impliquant l'invalidité de la reconnaissance.

174 La *munāsakha* est une configuration dans le droit successoral musulman dans laquelle un héritier potentiel décède à son tour, avant même d'accéder à sa part de l'héritage, ce qui entraîne une redistribution des parts entre les nouveaux héritiers.

175 Sufyān al-Thawrī (161/778) : juriste et traditionniste originaire de Koufa, il compte parmi les grandes figures du IIème/VIIIème siècle.

176 ʿAbd al-Raḥmān al-Awzāʿī (157/774): juriste et théologien originaire de Beyrouth. Comme Sufyān al-Thawrī, il avait sa propre école juridique, qui a été dominante au Shām et en al-Andalus, avant d'être supplantée par le malikisme et le shāfiʿisme. Il était également un opposant aux Muʿtazilites.

Le commentaire d’al-Ṭurṭūshī / Traduction

بابُ الكلام على فريقٍ من العامَّة يُقال لهم: الحشوية والمشبهة أبطلوا النظرَ والاستدلال وردُّوا الحُجَج[113] العقلية وزعموا أنه لا يُعرف شيءٌ إلاّ بالكتاب والسُّنة والإجماع

.50 اعلَمُوا -أرشدنا الله وإيَّاكم- أن النظر كان يقتضي ألا تُسَوَّدَ الصحفُ بذِكْرِهم. فإنهم في الناس كالحُثالة، لا يَعْبأ الله بهم إلاَّ أنّ البليّة بِهم عظيمة. فإنّهم يُنشِؤون الأطفالَ في حجور أهل الإسلام. فيتعلَّمون شمائلَهم ويستمرُّون على مذاهبهم الباطلة، ويَتَلقّنُون منهم بُغضَ العلماء، وإطلاقَ ألسنتهم في الفقهاء. فاقتضى هذا التحذيرَ مِنْ جَهَالاتهم، والكشفَ عن تخليطاتهم.

.51 ويُحْصَرُ كلامُهم في خَمْس[114] مسالك.

---

113 في الأصل: الحجاج.
114 كذا في الأصل.

https://doi.org/10.1515/9783112233887-011

Chapitre concernant un groupe issu de la masse, appelé les anthropomorphistes Ḥashawiyya, qui ont invalidé l'examen rationnel et l'argumentation, ont rejeté les preuves rationnelles, et ont prétendu que rien ne peut être connu si ce n'est par le Livre, la Sunna et le consensus

50. Sachez – que Dieu nous guide ainsi que vous – que le bon sens aurait exigé de ne pas noircir nos pages par la mention de ces gens, car ils sont, parmi les hommes, comme la lie que Dieu ne considère nullement. Mais l'épreuve qu'ils représentent est immense : ils élèvent les enfants dans le giron des musulmans, leur enseignent leurs manières, les enracinent dans leurs doctrines erronées, et leur inculquent l'aversion pour les savants, les poussant à délier leur langue à l'encontre des juristes. Il est, dès lors, nécessaire de mettre en garde contre leurs ignorances et de dévoiler leurs confusions.
51. Leurs propos peuvent être regroupés en cinq axes.

المسلك الأوَّل: في تسميتهم حَشَوِيّة

52. وهو اسمُ ذَمٍّ مأخوذٌ مِنْ «سِقط المتاع»، مثل: الخِرَق، والصوف والمشاق، واللُّبود، وغير ذلك من الحُثالة التي لا قيمة له. وكذلك «حَشْوُ البنيان»، فإنما يُحشى وسطُ البنيان بسِقْط الحجارة والتراب وشِبْهِه.

53. وقيل: إنما لُقبُّوا بهذا الاسم لأنّهم حَشُوا الأرضَ بالجَهالات، وخاضُوا بأنفسهم في مَيدان الضلالات. فهُمْ في كلّ عصر وزمان يَخْرجون على الأئمّة، وهُمْ قَتَلَةُ الأنبياء.

54. ألاَ تَرى أنَّهم [117/ب] يَطْعنون على أهْل العِلْم الذين قاموا بأَعْباءِ[115] الشرع، وَمِنْ قِبَلِهم تؤخذ الأحكام، وهم القائمون بقوانين الإسلام، الذابُّون عن أصوله وقواعده، الحافظون لحدوده وشرائعه، وهم الوارثون الأنبياءَ: «فإن الأنبياء لم يتركوا ديناراً ولا درهماً، وإنما ورثوا العِلْمَ، فمن أَخَذه أَخَذ بحظٍّ وافِرٍ».

55. وقيل: إنما سُمُّوا حَشَوِيَّة لأنهم حَشُوا الكلامَ، فحَشُوا الحقّ بالباطل ولم يَعْلَموا وجهَ الفرق بين الصحيح والفاسد.

56. وفي الحكمة مكتوبٌ: «مَن أحيَى سُنةً فقد شَدَّ على يد نبيٍّ». وهؤلاء قومٌ أعداء العلماء، وإنما يُحيي السُّنَنَ العلماءُ، فالحشويّة طاعنون على العلماء فَهُمْ طاعنون على الأنبياء.

---

115 في الأصل: أعيان وما أثبتناه أصوب.

Premier axe : leur appellation de *Ḥashawiyya*

52. C'est un terme péjoratif, dérivé d'un mot qui peut signifier [à l'origine] « rebut d'objets » (*siqṭ al-matāʿ*), comme les chutes de chiffons, laine, cordages, feutres et autres déchets sans valeur, [ou qui peut signifier] aussi « remplissage » (*ḥashw*) des [murs] d'une construction, en y insérant des chutes de pierres, de la terre, etc.
53. Il a été également dit qu'ils ont été ainsi nommés parce qu'ils ont rempli la Terre d'ignorances et se sont plongés dans l'arène des égarements. À chaque époque, ils se dressent contre les imams. Ce sont eux les assassins des prophètes.
54. Ne vois-tu pas qu'ils attaquent les gens de science, ceux-là même qui se sont chargés de la Loi révélée, par qui les statuts légaux sont transmis, qui préservent les lois de l'islam, défendent ses fondements et ses principes, et qui gardent ses limites et ses prescriptions ? Ce sont eux les héritiers des prophètes, car *« les prophètes n'ont laissé ni dinar ni dirham, mais ils ont laissé la science ; quiconque la prend aura pris une part abondante »*[177].
55. Il a également été dit qu'on les a appelés Ḥashawiyya parce qu'ils ont « fourré leur discours » (*ḥashū al-kalām*) de vrai mélangé à du faux, sans savoir discerner entre le sain et le corrompu.
56. Il est écrit dans la sagesse[178] : *« Celui qui fait revivre une sunna se sera agrippé à la main d'un prophète »*. Or, ces gens sont les ennemis des savants, qui, eux seuls, font revivre les traditions. Ainsi, les Ḥashawiyya étant hostiles aux savants, soit donc hostiles aux prophètes.

---

177 *Concordance*, VII, p. 265.

178 Nous n'avons pas trouvé la citation telle quelle, mais al-Ṭabarī fait dire à Ibn ʿAbbās : *man shadda ʿalā ʿaḍud nabī aw imām ʿādil fa-kaʾannamā aḥyā l-nās jamīʿan* (celui qui s'agrippe au bras d'un prophète ou d'un souverain juste est semblable à celui qui fait vivre la totalité des gens). Voir : Ṭabarī (al-), *Jāmiʿ al-bayān*, Le Caire, Dār Hujar, 2001, VIII, p. 348.

المسلك الثاني

57. أنهم قالوا: عِلْمُ الكلام والنظر في أصول المِلَل، وما يتعلَّق بالمعبود وصفاته، والمعجزات ووجوهها، إلى سائر ما يُسمى علمَ الكلام، لا يُفضي إلى معارف، ولا يؤدي إلى حقائق، بل هو جهالات وعمايات، ورموز وإشارات، لا يوثق بمُوجِبها، ولا تسكن النفوس وتُحَصِّل من جهتها؛ لأنه اعتماد في هذا الأمر الجليل والخَطْب الجسيم الذي يُفضي بصاحبه إلى الخلود في أحَد الدارين على محض العقل، ومجرد الرأي، مِنْ غير كتاب ولا سُنّة، فليكن باطلًا. ولهذا لم تنطق به الكتب المنزّلة، ولا السُّنَنُ المأثورةُ ولا خاصَّة الصحابة والتابعون، والأئمة الراشدون.

Deuxième axe

57. Ils ont dit que la science du *kalām*, l'examen des fondements des religions, tout ce qui concerne Celui que nous adorons, Ses attributs, les miracles et leurs modalités, et tout ce qui fait partie de la discipline éponyme, ne mènent à aucune connaissance et n'aboutissent à aucune vérité ; ce ne sont que sottises et aveuglements, signes et symboles qui appellent à la défiance et qui n'apaisent pas les âmes, car cette science repose entièrement, dans ce domaine pourtant si capital qui engage au salut ou à la perdition éternelle, sur la seule raison, le seul raisonnement, sans Livre ni même Sunna. Elle est donc vaine. C'est d'ailleurs pourquoi ni les Livres révélés, ni les traditions transmises, ni l'élite des Compagnons du Prophète, ni les Successeurs, ni les Imams bien guidés ne l'ont évoquée.

المسلك الثالث

58. قالوا: لو سُلِّمَ أنه يُفضي إلى معارف، ويؤدِّي إلى حقائق، إلاَّ أن طُرُقه وَعِرَة، وسُبُلَه غامضة، والخطرُ فيه عظيم، وعقولُ أكثر الخلائق عاجزةٌ عن اقتناصه، طائشة عن سماعه والخوض فيه، فهو يُشوِّش عقائدهم، وعلى صميم عقولهم، ويُذْهِب حشمة الدِّين مِنْ قلوبهم، ويجرِّئهم على الخوض فيما لا يَعْنيهم، [118/أ] بل قد يكون فيه هلاكُهم؛ إذ قد تَعْلَقُ أَلْسُنه الفاسدة بقلوبهم، ثم يعجزون عن حَلِّها، واستيفاء الجواب عنها، فيكون فيه عطبُهم.

59. مِثْل: استدلالِ المتكلمين على حُدوث الأجسام بالأعراض التي لا يصحُّ الاستدلال بها على ذلك إلاَّ بعد العلم بوجودها، ثم العِلْم بِحَدَثها، ومخالفتها للجواهر، وأنها تتضادُّ فيها، وتتعاقب عليها، وأنّ الجواهر لا تنفكُّ منها، وإذا لم تنفكّ منها لم تَسْبِقْها، وإذا لم تسبقها وهي مُحْدَثة وجب أن تكون محدثةً مثلها، وإذا تقرَّر حَدَثُها عُلِمَ حينئذٍ بالاستدلال أنّ المُحْدَث يتعلَّق بالمُحْدِث.

60. فكان الكتابُ والسُّنةُ أقربَ طريقاً، وأسهل مأخذاً، وذلك: أنّ الذي دلَّ على صِدْق النبيِّ عليه السَّلام فيما أتى به عن ربِّ العالمين المعجزاتُ المحسوسةُ التي لا يحتاج الاستدلالُ بها على صحّة قوله إلاَّ إلى يَسيرُ الفِكْر. ولا يُمكن الإعراضُ عنها لمَا فيها مِنْ إزعاج الخواطر إلى النظَر بخَلْق العادات لجلائها، وَسُهولة السبيل إلى العلم بصحّتها. ولهذا آمن سَحَرَةُ فرعون لوَقْتهم وآمَن جُمُوعٌ مِنَ بَنِي إسرائيل بعيسى لمَّا أحيَى الموتى.

61. فمَثَلُ مَنْ تكلَّف النظر مع ما ذكرنا مثلُ مَنْ كُفِي المشيَ على رِجْلَيه بمركَبٍ فارهٍ حُمل عليه، فلم يشعر إلاَّ وقد قطع الطريق التي نُدب إلى قَطْعها فأبى إلا المكر[كذا] على العقِب وتكلَّف المشي على القدَم. فكما أنّ هذا مُتكلِّف مَا قد كُفي مؤونتَه ولو هلك، فمَن قِبَلِ نفسه أتى، فكذلك مَنْ كُلِّفَ النظرَ في الأصول مع كتاب الله وسُنَّة رسوله مُتكلِّف ما قد كفاه الله تعالى ولو هلك لم يؤت إلاَّ مِنْ قِبَل نفسه، ولم يُعْذَرْ عند ربِّه.

Troisième axe

58. Ils ont aussi dit : à supposer même que le *kalām* mène à des connaissances et aboutisse à des vérités, ses voies demeurent malgré tout escarpées, ses sentiers obscurs, et son péril immense. L'intelligence de la plupart des créatures est incapable de le saisir, inapte à l'entendre ou à s'y plonger. Cela trouble leur croyance, bouleverse leur raison profonde, déracine la religion de leurs cœurs, les pousse à s'aventurer dans ce qui ne les regarde pas, au point même de causer leur propre perte. En effet, des propos corrompus pourraient se saisir de leur esprit sans qu'ils ne soient capables de s'en défaire, ce qui entraînerait leur perte.
59. C'est le cas, par exemple, du raisonnement des théologiens qui veulent prouver l'adventicité des corps à partir des accidents, ce qui n'est uniquement valable qu'après avoir connu ces derniers, puis leur adventicité, leur distinction d'avec les substances, leur insertion et leur succession antagoniste[179] en elles, et le fait que les substances n'en sont jamais séparées. Or, si les substances ne sont jamais séparées des accidents, alors elles ne les précèdent pas. Or, si elles ne précèdent pas les accidents, qui sont eux-mêmes adventés, alors elles sont tout autant adventées. Une fois établie l'adventicité des substances, on aura ainsi prouvé que l'adventé nécessite un agent adventeur.
60. Le Livre et la Sunna sont en fait la voie la plus directe et la plus accessible. En effet, les miracles tangibles qui prouvent la véracité du Prophète en ce qu'il a transmis de la part du Seigneur des mondes ne nécessitent qu'une réflexion minimale et sont incontournables, car ils bouleversent les esprits en rompant les lois naturelles. C'est ainsi que les sorciers de Pharaon crurent sur-le-champ, et que des groupes des Enfants d'Israël crurent en Jésus quand il ressuscita les morts.
61. Ainsi, celui qui s'obstine à user de la raison malgré ce que l'on a mentionné est comme un homme qu'on a dispensé de marcher en lui offrant une confortable monture pour parcourir son chemin [sans en ressentir l'effort], mais qui, malgré tout, tient absolument à se forcer à poursuivre le trajet à pied, péniblement, sur ses talons. De la même manière que cette personne qui s'est donné un mal à faire ce dont elle a été dispensée n'a qu'à s'en prendre à elle-même, même si elle en meurt, alors pareillement, celui qui se force à spéculer sur les fondements alors que le Livre de Dieu et la Sunna de Son Messager suffisent, s'impose une charge dont Dieu l'a affranchi ; il n'aura à s'en prendre qu'à lui-même, même s'il en meurt, et il ne sera pas excusé par son Seigneur.

179 C'est-à-dire la succession d'accidents contraires (ex : mouvement/immobilité) en la substance.

المسلك الرابع

62. قالوا: كيفما دار الأمرُ فقد عَلِمنا أن خيارَنا وساداتنا، وعلماء ديننا وأكرمَ [118/ب] الخليقة على الله تعالى، وأوفرهم علوماً، وأغزرهم حُلوماً هم أصحابُ نبيِّنا. فما عَقدوا له مجالس المناظرة، والتدريس والمساورة. فإن يَكُ شَرّاً فأبعدْ به. وإن يَكُ خيراً وَسِعنا ما وَسِع أصحابَ نبيِّنا من تَرْك الخَوْض فيه.

Quatrième axe

62. En tout état de cause, ont-ils poursuivi, nous savons que les meilleurs d'entre nous, nos maîtres, les savants de notre religion, les plus nobles créatures de Dieu, les plus savants et les plus sages, sont les Compagnons de notre Prophète. Or, ils n'ont ni institué d'assemblées de débat, ni tenu de cercles d'enseignement ou de controverses [dans cette discipline]. Si cela est un mal, alors que l'on s'en éloigne ! Et si d'aventure c'était un bien, nous pouvons amplement nous contenter de ce dont se sont contentés les Compagnons du Prophète en s'abstenant d'y entrer.

المسلك الخامس: كلماتٌ منقولاتٌ عن الفقهاء وأهْل الحديث في ذمّه والإعراض عنه

63. فمِنْ ذلك ما رُوي أنّ عمر بن الخطّاب ضربَ صَبيغاً بتعاطيه عِلْمَ المشكلات، والخوضَ في أطرافٍ مِنَ العِلْم لم يخُضْ الصحابةُ فيها.

64. ومِنْ ذلك أنّ مالكاً سُئل فقيل له: يا أبا عبد الله، (الرحمن على العرش استوى) [طه – 5]، كيف استوى؟ فقال مالك: الاستواءُ غير مجهول[116] والكيفُ فيه غير معقول، والسؤالُ عنه بِدْعة، والإيمان به واجب، وأراك صاحبَ بِدْعة، أخرجوه.

65. قيل: يا أبا عبد الله فمَن قَوِي على كلام الزنادقة والإباضية والقدرية وأهل الأهواء أيُكلِّمُهم؟ قال: لا، وإن الذين خرجوا -يعني مِن الخوارج- إنما عابوا المعاصي، وهؤلاء تكلّموا في أمر الله. قال ذلك الرجل: أمَّا أنا فعلى بيِّنة مِنْ ربي، وأمَّا أنت فاذهب إلى شاكٍّ مثلك، فخاصمه.

66. قلتُ: وهذا الرجل هو عبد الله بن عمر، سأله رجلٌ عن بعض هذا الأمر، فقال: أمَّا أنا فعلى بيِّنة من ربي، فإن كنتَ شاكّاً فاذهب إلى شاكٍّ مثلك فناظِره.

67. قال مالك: قد نُهجَت السُّبُل، واستنار الأمرُ، وليس هذا الجدَلُ مِنَ الدِّين بشيء، قال ذلك الرجل: لَأنا عليكم مِنَ العَمْد أخوفُ منِّي عليكم مِنَ الخطأ. قال مالك: وإنما فسَدت الأشياء حين تُعُدِّيَ بها منازلها.

68. ورُوي أنّ مالكاً قال له رجُل: تُناظرني؟ قال مالك: فيكون ماذا؟ قال: إنْ غلبتني اتبعتُك، وإنْ غلبتُك اتبعتني، قال له: فإنْ جاء مَنْ غلبنا جميعاً؟ قال: نتَّبعه، قال: يا عبد الله؛ إنما جاءنا الرسول بدينٍ واحد، وهذا يَدَعُ دينه كلَّ يوم لدينٍ جديد. [119/أ]

116 زاد في الأصل: والكيف مجهول، وكأنه أقحم إقحامًا وهي مخالفة لرواية البيهقي «الاستواء غير مجهول والكيف غير معقول» من طريق يحيى بن يحيى كما في كل من كتابيه الاعتقاد والأسماء والصفات. وعند الحافظ في الفتح من طريق عبد الله بن وهب: «كما وصف نفسه ولا يقال كيف وكيف عنه مرفوعٌ». ولم نجد عبارة: «والكيف مجهول» في رواية صحيحة أو جيدة فليعلم. راجع: الفتح، 13 /406.

Cinquième axe : propos rapportés de juristes et de gens du *ḥadīth* blâmant le *kalām* et appelant à s'en détourner

63. Parmi ceux-ci, il a été rapporté : « *'Umar b. al-Khaṭṭāb frappa Ṣabīgh pour s'être adonné à l'étude des questions complexes, et pour s'être engagé dans des pans du savoir que les Compagnons n'avaient pas abordés* »[180].

64. Il est rapporté de Mālik qu'à la question : « *Ô Abū 'Abd Allāh, le Tout Miséricordieux istawā sur le Trône : comment istawā ?* », celui-ci répondit : « *L'istiwā' n'est pas inconnu, le ‹comment› (le kayf) est inconcevable, poser la question à ce sujet est une innovation, y croire est une obligation. Je te vois comme un homme d'innovation. Faites-le sortir !* ».

65. On lui dit : « *Ô Abū 'Abd Allāh, est-ce que celui qui est capable de répondre aux hérétiques* (zanādiqa), *aux Ibāḍites, aux Qadarites et aux Gens des passions déviantes* (Ahl al-ahwā'), *peut-il leur parler ?* ». Il répondit : « *Non. Ceux qui sont sortis [de la communauté] – il vise ici les Khawārij – n'ont fait que reprocher les péchés, tandis que ceux-là s'expriment au sujet de Dieu. [Comme] ce [fameux] homme l'a dit : Quant à moi, je suis sur une preuve claire de la part de mon Seigneur. Quant à toi, va trouver un sceptique comme toi, et dispute-toi avec lui.* »[181].

66. J'ai dit : l'homme en question était 'Abd Allāh b. 'Umar[182]. Un homme l'interrogea sur une question similaire, et il répondit : « *Moi, je suis sur une preuve claire de la part de mon Seigneur. Si tu es sceptique, va trouver un sceptique comme toi, et débats avec lui.* ».

67. Mālik a déclaré : « *Les voies sont tracées, la vérité est claire, et ces controverses ne font pas partie de la religion.* » *[Comme] ce [fameux] homme l'a dit : ‹Je crains davantage pour vous l'obstination que l'erreur›.* » Mālik ajouta : « Les choses ne se sont corrompues que lorsque les gens ont outrepassé leur limite »[183].

68. Il est rapporté qu'un homme demanda à Mālik : « Veux-tu débattre avec moi ? » Mālik répondit : « Pour quoi faire ? » L'homme dit : « Si tu me vaincs, je te suis. Si je te vaincs, tu me suis. » Mālik répliqua : « Et si quelqu'un nous surpasse tous les deux ? » L'homme dit : « Nous le suivrons. » Mālik conclut : « Ô Esclave de Dieu, le Messager nous a apporté une seule religion, et voilà que toi, tu changes de religion chaque jour ! ».

---

180 Voir la note du §-139. *Muwaṭṭa'*, II, p. 455.

181 *Al-Jāmi' fī l-sunan*, p. 125.

182 C'est aussi ce que dit Ibn Abī Zayd dans le même passage.

183 *Al-Jāmi' fī l-sunan*, p. 120. Les citations y sont rapportées dans le désordre.

69. وقال مالك: لا تجوز شهادةُ أهل البِدَع والأهواء.

70. قال مالك: وَكان يُقال: لا تُمكِّنْ زائغَ القلب مِنْ أذنَيْك[117]. فإنّك لا تدري ما يُقلِّدك مِنْ دينك.

71. ولقد سمع رجلٌ مِن الأنصار مِن أهل المدينة شيئاً مِن بعض أهل القدَر فَعلِقَ بقلبه، فكان يأتي إخوانَه الذين يستنصحهم فإذا نَهَوْهُ قال: فكيف بما علِقَ بقلبي؟ لو علمتُ أن الله رَضي أن أُلقِيَ نفسي مِن فوق هذه المنارة لفعلتُ.

72. قال مالك: ولقد قال رجل: لقد دخلتُ هذه الأديانَ كلّها، فلم أر شيئاً مستقيماً، فقال رجلٌ مِنْ أهل المدينة مِن المتكلمين: أنا أُخبرك لِمَ ذاك؛ لأنّك لا تتّقي الله، ولو اتّقيته لجعَلَ لك مَخْرَجاً.

73. وقال عمر بن عبد العزيز: مَنْ جعل دينَه عُرْضَةً للخصومات أكْثَر التنقُّل، والدِّينُ قد فُرِغ منه، ليس بأمر يتوقّف النظرُ فيه.

74. وقال ابن مسعود: مَنْ كان مُسْتَنّاً فليستَنَّ بمَنْ مات. أولئك أصحابُ محمَّد عليه السَّلام، كانوا أفضلَ هذه الأمَّة، وأبرَّها قلوباً، وأعمقها عِلْماً، وأقلَّها تكلُّفاً، قوماً اختارهم الله سبحانه لصُحبة نبيِّه، وإقامة دينه، فاعرفوا لهم فَضْلَهم، واتبعوهم في أمرهم. وتمسَكوا بما استطعتم مِنْ أحلامهم وسِيَرهم: فإنهم كانوا على الهدى والصراط المستقيم.

75. وروى أبو صالح، قال: ذُكر الزنادقةُ عند ابن عبَّاس، فقال: عجباً لابن آدم؛ لو وُضِعَ على ناظره حرفُ إبرة لغطّاه وإنّما قلبُه مُضغةٌ مِنْ بَدَنِه، ولو أطعمه طائرًا ما شبع منه. يريد: أنْ يعرفَ ملكوت السماوات والأرض. فإن عرف فهو ما نريد، وإنْ لم يعرف شكَّ في ربه وخالقه [..][118] إلا حمقى. انظر إلى هذه الشمس؛ فإنما هي مِنْ خَلْق ربِّك، فإن ملأت عينيك منها فقل.

---

117 في الأصل: دبيك وما أثبتناه أوفق لجامع في السنن.
118 كلمة غير واضحة في الأصل.

69. Mālik a également dit : « *Le témoignage des innovateurs et des adeptes des passions n'est pas acceptable* »[184].
70. Mālik a rapporté : « *On disait [jadis] : Ne prête pas l'oreille à un cœur déviant car tu ne sais pas à quelle doctrine il peut te faire adhérer* »[185].
71. Un homme des Anṣār de Médine a entendu d'un qadarite un propos qui occupa son esprit. Lorsque ceux auprès de qui il cherchait conseil le réprimandaient, il disait : « *Que faire de ce à quoi mon cœur est attaché ? Si je savais que Dieu agréait que je me jette du haut de ce minaret, je le ferais !* »[186].
72. Mālik rapporta qu'un homme dit : « *J'ai exploré toutes ces religions, mais je n'ai rien trouvé de droit.* » Un théologien de Médine lui répondit : « *Je vais te dire pourquoi : tu ne crains pas Dieu. Si tu Le craignais, Il t'aurait montré la voie.* »[187].
73. **ʿUmar b. ʿAbd al-ʿAzīz** a dit : « *Celui qui fait de sa religion une cible aux disputes multipliera les revirements. La religion est chose faite, ce n'est pas un sujet à examiner indéfiniment* »[188].
74. Ibn Masʿūd a dit : « *Que celui qui veut suivre un modèle suive ceux qui sont morts : les Compagnons de Muḥammad. Ils étaient les meilleurs de cette communauté, les plus purs de cœur, les plus profonds en science et les moins affectés. Dieu les a choisis pour accompagner Son Prophète et établir Sa religion. Reconnaissez leur mérite, suivez leur voie et attachez-vous à leur sagesse et à leur conduite, car ils étaient sur la guidée et le droit chemin* »[189].
75. Abū Ṣāliḥ rapporta[190] : « *Lorsque les hérétiques furent mentionnés devant Ibn ʿAbbās, il s'exclama : ‹Étonnant est le fils d'Adam ! Si on plaçait une aiguille sur son œil, il ne la verrait pas, alors que son cœur est un morceau de chair de son corps si petit qu'il ne suffirait pas à rassasier un oiseau !›* ». C'est à dire que l'homme cherche à connaître le royaume des cieux et de la terre. S'il y parvient, c'est ce que nous voulons. Sinon, il se met alors à douter de son Seigneur [...]. Regarde ce soleil : c'est une créature de ton Seigneur. Si tes yeux en sont éblouis, dis [...] ».

184 *Jāmiʿ bayn al-ʿilm wa-faḍlih*, II, p. 942 (n°1800).
185 *Al-Jāmiʿ fī l-sunan*, p. 120.
186 *Al-Jāmiʿ fī l-sunan*, p. 120.
187 *Al-Jāmiʿ fī l-sunan*, p. 120.
188 *Al-Jāmiʿ fī l-sunan*, p. 120. On la trouve aussi en : *Jāmiʿ bayn al-ʿilm wa-faḍlih*, II, p. 931 (n°1770), sauf que la dernière phrase y est absente.
189 *Al-Jāmiʿ fī l-sunan*, p. 119. Voir aussi: *Jāmiʿ bayān al-ʿilm wa-faḍlih*, II, p. 947 (n°1810).
190 Je n'ai pas trouvé de référence à cette citation, qui reste de toute façon incomplète.

76. وقال مالك: قال عمر بن الخطَّاب: قد سُنَّت لكم السُّنَن، وفُرضت لكم الفرائض، وتُرِكْتُم[119] على الواضحة إلاَّ أن تميلوا [119/ب] على الناس يميناً وشمالاً.

77. وأمَّا الشافعي فقد بالَغ في ذَمِّه.

78. قال ابن[120] عبد الأعلى: سمعتُ الشافعيَّ يوم ناظَر حفصاً[121] الفَرد – وكان مِنْ متكلّمي المعتزلة وسُمِّي الفَرْدَ لقُوّته في الاعتزال كأنّه انفرد عن أهل زمانه. قال: لَأَنْ يلقى اللهَ العبدُ بكلِّ ذنبٍ ما خلا الشرك خيرٌ مِنْ أنْ يلقاه بشيء مِن الكلام، ولقد سمعتُ مِن حفص كلاماً لا أقدر أنْ أحكيَه[122].

79. وقال أيضاً: قد اطلعتُ مِنْ أهل الكلام على شيءٍ ما ظننتُه قطّ، ولأنْ يُبتلى العبدُ بكل ما نهى الله عنه ما عدا الشرك خيرٌ له مِنْ أنْ ينظر في الكلام.

80. وحكى الكرابِيسي: أنّ الشافعي سئل عن شيءٍ مِن الكلام، فغضب. وقال: سَلْ عن هذا حفصاً[123] الفَرد وأصحابه -أخزاهم الله.

81. ولمَّا مرض الشافعي دخل عليه حفصٌ الفرد، وقال: مَنْ أنا؟ قال: حفصٌ الفرد، لا حفظك الله ولا رعاك، حتى تتوب ممَّا أنت فيه.

82. وقال أيضاً: لو عَلِم الناسُ ما في الكلام مِن الأهواء لفَرُّوا منه فِرارهم مِن الأسَد.

83. وقال أيضاً: إذا سمعتَ الرجل يقول: الاسم هو المسمّى أو غير المسمّى[124]، فاشهدْ أنه مِنْ أهل الكلام، ولا دِين له.

84. قال الزعفراني: قال الشافعي: حُكْمي في أصحاب الكلام أن يُضرَبوا بالجريد، ويُطافَ بهم في العشائر والقبائل، ويُقال: هذا جزاءُ مَنْ ترك الكتاب والسُّنة وأخذ في الكلام.

---

119 في الأصل: وتركتكم وما أثبتناه أوفق لما في الجامع في السنن.
120 في الأصل: أبو، وهو غلط.
121 في الأصل: حفص.
122 في الأصل: أحكمه.
123 في الأصل: حفص.
124 محيت كلمة غير في الأصل وترك بياض.

76. Mālik a rapporté de ʿUmar b. al-Khaṭṭāb qu'il a déclaré : « *Les traditions vous ont été transmises, les obligations vous ont été prescrites, et vous avez été laissés sur une voie claire – à moins que vous ne déviiez à droite ou à gauche* »[191].
77. Quant à al-Shāfiʿī, il fut extrêmement sévère dans sa condamnation.
78. Ibn ʿAbd al-Aʿlā a rapporté[192] : « *J'ai entendu al-Shāfiʿī dire, après avoir débattu avec Ḥafṣ al-Fard*[193] *– un théologien muʿtazilite ainsi surnommé en raison de sa renommée parmi les Muʿtazilites : ‹Il est préférable que l'esclave de Dieu vienne à Lui avec tous les péchés sauf le polythéisme plutôt qu'avec ne serait-ce qu'une once de* kalām. *J'ai entendu de Ḥafṣ des paroles que je ne peux même pas répéter›* ».
79. Il a aussi dit[194] : « *J'ai découvert chez les théologiens des choses que je n'aurais jamais imaginées. Il vaut mieux que l'esclave de Dieu soit éprouvé par toutes les désobéissances – sauf le polythéisme – plutôt que de s'adonner au* kalām ».
80. Al-Karābīsī[195] a rapporté que lorsqu'al-Shāfiʿī a été questionné sur un point de *kalām*, il s'emporta et répondit : « *Demande cela à Ḥafṣ al-Fard et ses compagnons – que Dieu les couvre d'ignominie !* »[196].
81. Lorsque al-Shāfiʿī tomba malade, Ḥafṣ al-Fard lui rendit visite et demanda : « *Me reconnais-tu ?* » Al-Shāfiʿī répondit : « *Tu es Ḥafṣ al-Fard. Qu'Allah ne te préserve ni ne te protège, à moins que tu ne te repentisses de ce que tu professes !* ».[197]
82. Il a aussi déclaré : « *Si les gens savaient ce que le kalām contient comme égarements, ils le fuiraient comme on fuit un lion* »[198].
83. Il a aussi dit[199] : « *Si tu entends quelqu'un dire : 'Le nom est la chose nommée›, ou ‹il ne l'est pas›, sache qu'il fait partie des gens du* kalām *qu'il n'a pas de foi* ».
84. Al-Zaʿfarānī[200] a rapporté qu'al-Shāfiʿī a dit : « *Mon jugement sur les adeptes du* kalām *est qu'ils doivent être fouettés avec des branches de palmier, promenés parmi les tribus, et qu'on dise : ‹Voici la punition de ceux qui délaissent le Livre et la Sunna au profit du* kalām› »[201].

---

191 *Al-Jāmiʿ fī l-sunan*, pp. 119–120.

192 *Jāmiʿ bayn al-ʿilm wa-faḍlih*, II, p. 939 (n°1788). Abū Mūsā Yūnus b. ʿAbd al-Aʿlā (264/877) : traditionniste égyptien ayant étudié auprès d'al-Shāfiʿī.

193 Abū Yaḥyā Ḥafṣ : muʿtazilite basrien ayant émigré au Caire.

194 Il s'agit d'une autre citation rapportée par Ibn ʿAbd al-Aʿlā. *Jāmiʿ bayn al-ʿilm wa-faḍlih*, II, p. 939 (n°1789).

195 Al-Ḥusayn al-Karābīsī (248/862) : juriste et traditionniste irakien disciple d'al-Shāfiʿī.

196 *Jāmiʿ bayn al-ʿilm wa-faḍlih*, II, p. 939 (n°1790).

197 *Jāmiʿ bayn al-ʿilm wa-faḍlih*, II, p. 940 (n°1791).

198 *Jāmiʿ bayn al-ʿilm wa-faḍlih*, II, p. 941 (n°1792).

199 *Jāmiʿ bayn al-ʿilm wa-faḍlih*, II, p. 941 (n°1793).

200 Al-Ḥasan b. Muḥammad al-Zaʿfarānī (260/874) : traditionniste irakien disciple d'al-Shāfiʿī.

201 *Jāmiʿ bayn al-ʿilm wa-faḍlih*, II, p. 941 (n°1794).

85. وقال أبو يوسف: مَنْ طلَب العِلْمَ بالكلام تَزَنْدَقَ.

86. وأمَّا أحمد بن حنبل فقال: لا يُفلح صاحبُ كلام أبداً. ولا يكاد يُرى أحد نظر في الكلام إلاَّ وفي قلبه دَغَل.

87. وبالغ فيه حتى هَجر الحارثَ المحاسبي – مع زُهْده ووَرعه – بسبب تصنيفه كتاباً في الردِّ على المبتدعة.

88. وقال: ويحك! ألستَ تحكي بِدعتهم أوَّلا، ثم تردّ عليهم؟ أليس تحمل الناس بتصنيفك على مطالعة البِدْعة، والتفكُّر في تلك الشبهات [120/أ] فيدعُوهم ذلك إلى الرأي والبحث؟

89. وقال أحمد أيضاً: علماءُ الكلام زنادقة.

90. وفي الجملة، لا ينحصر ما نُقل عنهم مِن التشديد فيه.

91. وعليه يُتأوَّل قولُ النبيِّ عليه السَّلام: هَلَك المتنطِّعون، هَلَك المتنطِّعون، هلَك المتنطّعون. أي: المتعمِّقون في البحث والاستقصاء.

92. وكيف يجوز أن يكون الرسولُ عليه السَّلام قد علَّم أُمَّتَه كلَّ شيء يحتاجون إليه، حتى علَّمهم الاستنجاء، ثم يترك تعليمَهم علمَ الكلام أنْ لو كان مِنَ الدِّين؟

93. بل قد رُوي عنه عليه السَّلام أنّه قال: إذا ذُكِرَ القدَرُ فأمْسكوا.

85. Abū Yūsuf[202] a déclaré : « *Celui qui cherche la science par le biais du* kalām *devient hérétique* »[203].
86. Quant à Aḥmad b. Ḥanbal, il a dit : « *L'adepte du kalām ne réussira jamais. On ne voit guère quelqu'un s'adonner au* kalām *sans que la fourberie entre dans son cœur* »[204].
87. Il fut si sévère à ce sujet qu'il s'éloigna d'al-Ḥārith al-Muḥāsibī – malgré sa piété et son ascétisme – pour avoir écrit un livre réfutant les innovateurs[205].
88. Il lui dit : « *Malheur à toi ! N'exposes-tu pas d'abord leurs innovations avant de les réfuter ensuite ? Ne pousses-tu pas ainsi les gens, par tes écrits, à étudier ces innovations et à réfléchir à ces pseudo-arguments, les incitant alors à suivre leurs opinions et à se perdre en recherches vaines ?* »[206].
89. Aḥmad a dit aussi : « *Les savants du* kalām *sont des hérétiques* »[207].
90. En résumé, les récits condamnant [le *kalām*] avec fermeté sont innombrables.
91. C'est dans ce sens qu'il faut comprendre la parole du Prophète : « *Malheur aux outranciers, malheur aux outranciers, malheur aux outranciers !* », c'est-à-dire ceux qui s'enfoncent dans des recherches et des investigations excessives[208].
92. Comment serait-il possible que le Messager ait enseigné à sa communauté tout ce dont elle a besoin – jusqu'aux règles du lavage intime – mais ait négligé de leur enseigner le *kalām*, si celui-ci faisait partie de la religion ?
93. Bien au contraire, il est rapporté[209] qu'il a dit : « *Lorsque la question de la prédestination (al-qadar) est évoquée, alors abstenez-vous (d'en discuter)* ».

---

202 Abū Yūsuf al-Qāḍī (182/798): célèbre disciple d'Abū Ḥanīfa.
203 *Iḥyā'*, I, p. 95.
204 *Jāmi' bayn al-'ilm wa-faḍlih*, II, p. 941 (n°1796).
205 *Iḥyā'*, I, p. 95.
206 *Iḥyā'*, I, p. 95.
207 *Iḥyā'*, I, p. 95.
208 *Jāmi' bayn al-'ilm wa-faḍlih*, II, p. 951 (n°1817).
209 Ṭabarānī (al-), *al-Mu'jam al-kabīr*, Le Caire, Maktabat Ibn Taymiyya, 1994, II, p. 96 (*ḥadīth* n°1427).

فَصْلٌ: في الجواب عمَّا أوْردوه

94. اعلَموا أنّ علمَ الكلام إنّما هو: النظرُ والاستدلالُ في أفعال الله تعالى التي هي أنفسُنا، والسماواتُ، والأرضون، لنَعلم أنها مُحْدَثة مخلوقة، وأنّ لها صانعاً قديماً، ليس كمثله شيء.

95. وقد بيَّنا ما اشتمل عليه القرآنُ والسُّنة وآثارُ الصحابة مِنْ ذلك. وقد نبّههم إلى[125] طُرُقَ معرفة خالقهم، بما فيهم وفي غيرهم، ممَّا يقتضي وجودَه، ويدلُّ على إرادته وتدبيره، حيث قال: (وفي أنفسكم أفلا تبصرون) [الذاريات – 21]. فنبَّههم بتقلّبهم في سائر الهيئات التي كانوا عليها على تدبير ربّهم[126].

96. وشرح ذلك بقَوْله: (ولقد خلقنا الإنسان مِنْ سُلَالَةٍ مِنْ طينٍ ثمّ جعلناه نطفةً في قرارٍ مكينٍ ثم خلقنا النطفة علَقةً فخلقنا العلقة مضغةً فخلقنا المضغة عظاماً فكسونا العظامَ لحماً ثم أنشأناه خلقاً آخرَ فتبارك الله أحسن الخالقين) [المؤمنون – 14–12]. وَهذا مِنْ أوْضَحِ الأدلَّةِ على حُدوث الإنسانِ، ووجودِ المُحْدِث له. فالقرآنُ مِنْ أوَّله إلى آخِره مُطْرٍ[127] للعقول ومُنبِّه على الأدلّة العقليّة، ومُسهِّل لوجوه الاستدلال [120/ب] بها. فكيفَ يُقال: إن النظر في الدليل العقلي لا يُفضي إلى الحقائق؟[128][...] والجهل بمعنى الدليل؛ لأنّ الدليل ما أرشد إلى المدلول انْتَفَتْ الثقةُ بالتمسُّكِ بالدليل، فبماذا يُعرف الحقُّ مِن الباطل؟

125 في الأصل: قد نسبهم عن طرق، والسياق يدل على ما رجحنا.
126 لم تتضح الكلمة في الأصل.
127 أي: مادح.
128 بياض في الأصل بمقدار بضع كلمات.

Section : réponse aux objections soulevées

94. Sachez que la science du *kalām* n'est autre que l'examen et l'inférence à partir des actes de Dieu — tels que nous-mêmes, les cieux et les terres — afin de parvenir à la certitude qu'ils sont créés, adventés, et qu'ils ont un Créateur éternel sans aucun semblable.
95. Nous avons déjà montré ce que contiennent le Coran, la Sunna, et les traditions des Compagnons concernant cela. [Dieu] leur a montré les preuves – y compris en eux-mêmes ou ailleurs – qui mènent à la connaissance de leur Créateur et qui indiquent Son existence, Sa volonté et Sa prédestination. Il dit en effet : « Et en vous-mêmes, ne voyez-vous donc pas ? » [*Cor.* LI, 21]. Il les a ainsi incités à méditer quant au fait qu'ils sont sous la providence divine à partir de leur propre transformation d'un état à un autre [de leur développement].
96. Il a explicité cela par Sa parole : « Nous avons certes créé l'homme d'une quintessence d'argile, puis Nous l'avons placé, sous forme de goutte de sperme, dans un reposoir solide. Ensuite, Nous avons fait de la goutte une adhérence, puis de l'adhérence un embryon, puis de l'embryon des os, et Nous avons revêtu les os de chair. Ensuite, Nous l'avons formé en une autre création. Béni soit Dieu, le Meilleur des prévoyants[210] !» [*Cor.* XXII, 12–14]. Voilà l'un des arguments les plus manifestes prouvant à la fois l'adventicité de l'être humain et l'existence de Celui qui l'a adventé. Le Coran, du début à la fin, loue la raison, incite à la réflexion rationnelle, et facilite les voies de l'inférence. Comment alors pourrait-on prétendre que le raisonnement fondé sur les preuves rationnelles ne mène point à la vérité ? En réalité, [cela ne provient que][211] d'une ignorance du sens même de la preuve. Or, la preuve est ce qui guide vers ce dont elle témoigne. Si l'on cesse de se fier à la preuve, comment discernera-t-on le vrai du faux ?

---

210 La traduction répandue « Meilleur des créateurs » est certes la première qui peut venir à l'esprit. Elle est pourtant impropre, en ce qu'elle sous-entend comme pluralité de créateurs, ce qui est aux antipodes du discours coranique. Ici, il faut retourner à l'un des sens de *khalaq*, qui est celui de *qaddar/dabbar*, c'est-à-dire d'estimer, gérer, prévoir.
211 Tentative de combler le blanc dans le manuscrit.

الجواب الثاني

97. أنْ يُقال لكم: إنّ إبراهيمَ عليه السَّلام قد استدلَّ بعَقْله على حدَث الكواكب والشمس والقمر بالأفول -وهو الزوال- فقال: (لا أحبّ الآفلين) [الأنعام – 76].

98. فخبِّرونا: ما وجه استدلاله بذلك على إثبات الصانع؟ فلن[129] يجدوا فيه جواباً أبدَ الدهر، إلاَّ ما سطَّره فيه المتكلِّمون في حدَث العالم، وهذه الكلمة تَقْطَعُ كلَّ حشويّ على قرار الأرض.

---

129 في الأصل: فلا.

Deuxième réponse

97. Il s'agit de leur dire : Abraham n'a-t-il pas usé de sa raison pour établir l'adventicité des astres, du soleil et de la lune, à partir de leur déclin et leur disparition ? Il a déclaré : « Je n'aime pas [adorer]ceux qui disparaissent » [*Cor.* VI, 76].
98. Informez-nous donc : sur quoi repose son raisonnement pour établir l'existence du Créateur ? Ils n'y trouveront jamais de réponse, jusqu'à la fin des temps, si ce n'est ce qu'en ont écrit les théologiens dans leur démonstration de l'adventicité du monde. Et ce propos suffit à faire taire tout *ḥashwī* vivant sur cette planète.

الجواب الثالث

99. أن يُقال: بماذا عرفتم معبودَكم تعالى، وَصِحّةَ دينِهِ، وصِدْقَ رُسُله؟

100. فإنْ قالوا: بالكتاب والسُّنَّة. قُلنا: وبماذا عرفتم صحَّة[130] الكتاب أنّه مِنْ كلام الله، وأنّ السُّنة مِنْ دين الله تعالى؟ فإنْ قالوا: بالرسول. قُلنا: وبماذا عرفتم صِدْقَ الرسول عليه السَّلام، وأنّه رسولٌ مِنْ عند الله؟ فإنْ قالوا: بمعجزاته. قُلنا: وبماذا عرفتم أنّ المعجزات دليلٌ[131] على صِدْق مَنْ ظهرت عليه؟ فإن قالوا: بعقولنا. قُلنا: الآنَ حَصْحَصَ الحقُّ، وظهر أنَّ الأمر كلَّه يدور على النظر العقلي. فبِه يُستدل، وعليه يعتمد في تصحيح الصحيح وفساد الفاسد.

101. على أنّكم قد ناقضتم، لأن المعجزاتِ إنّما تصحُّ دلائلُها على صِدْقِ مَنْ ظهرتْ عليه بعد العلم بأنّها فِعْل الله تعالى، خارجٌ عن مَقْدُور البشَر، وهذا يقتضي اقتضاءً ضروريّاً أوَّلًا فاعلَ المعجزة، وهل يجوز له فِعْلها أم لا؟

102. وكذلك معرفةُ كلام الله تعالى يقتضي تقديمَ العلم بوجوده تعالى. ويستحيل أن يعلم [121/أ] أنّ الكلام كلامُ زَيْدٍ مَنْ لا يَعرِفُ زيداً.

---

130 في الأصل: حة.
131 في الأصل: دليلًا.

Troisième réponse

99. Il s'agit de leur dire : Par quel moyen avez-vous connu votre Dieu, l'authenticité de Sa religion, et la véracité de Ses envoyés ?

100. S'ils répondent : par le Livre et la Sunna, nous rétorquons : Et par quoi avez-vous su que le Livre est bien la parole de Dieu, et que la Sunna relève véritablement de la religion divine ? S'ils disent : par le Prophète, nous poursuivons : Et par quoi avez-vous reconnu la véracité du Messager et qu'il était bel et bien un envoyé de Dieu ? S'ils répondent : par ses miracles, nous dirons : Et comment avez-vous su que les miracles sont bien la preuve de la véracité de celui entre les mains de qui ils apparaissent ? S'ils répondent : par notre raison. Alors nous conclurons : voilà que la vérité est éclatante ! Il est donc évident que toute la question repose sur l'intellect et l'examen rationnel. C'est par lui que l'on déduit, et c'est sur lui que l'on s'appuie pour distinguer le vrai du faux.

101. D'autant plus que leur position est contradictoire : car les miracles ne deviennent preuves de la véracité de leur porteur qu'une fois établi qu'ils sont bien des actes de Dieu, et qu'ils échappent à toute capacité humaine. Cela présuppose donc, nécessairement, d'avoir d'abord connaissance de l'Agent [créateur] des miracles et de la possibilité qu'Il les crée.

102. De même, reconnaître qu'un discours est la parole de Dieu nécessite, au préalable, de savoir que Dieu existe. Il est impensable qu'on sache qu'un propos est celui de Zayd sans d'abord connaître qui est Zayd.

والجواب الرابع

103. أنّكم قد دخلتم فيما أنكرتم؛ لأنّ المسالكَ الأربعَ التي ذكرتموها هي عِلْمُ الكلام؛ لأنكم قسَّمتم طُرُقَ المعارف، فبطَّلتم بعضَها وصحَّحتم بعضَها بعقولكم لأنكم قلبتم الحقائق. فصحَّحتم أصولَ الدِّين الذي هو إثباتُ المعبود وتوحيدُه ومعرفةُ صفاته وأفعاله التي لا طريق إليه إلاَّ دليل العقل بفُروعه وهما الكتاب والسُّنة. فأحاطت بكم وجوه الخذلان!

Quatrième réponse

103. Vous êtes tombés vous-mêmes dans ce que vous avez réprouvé, car les quatre voies de connaissance que vous avez mentionnées relèvent précisément de la science du *kalām*. En effet, vous avez divisé les modes d'acquisition du savoir, en invalidant certaines et en validant d'autres — selon votre propre raison. Vous avez ainsi renversé les vérités : vous avez validé les fondements mêmes de la foi, à savoir la démonstration de l'existence de Dieu, Son unicité et la connaissance de Ses attributs et actes, soit autant de sujets que l'on ne démontre qu'au moyen de la raison, à partir de ce qui en découle, à savoir [l'argument] du Livre et de la Sunna. Vous voilà donc retrouvés cernés de tous côtés par la disgrâce !

والجواب الخامس

104. أن يُقال: النظرُ في حدَث العالَم، والاستدلالُ بالحدوث على المحدِث وبالصنعة على الصانع، على الوجه الذي استدلَّ به[132] إبراهيم، أتزعمون أن النظرَ في ذلك، والفكرَ فيه محظور[133]، ليس في دين الإسلام؟ أم تدريسُه والمناظرةُ فيه وعَقْدُ المجالس للخوض في أبوابه وفصوله هو المحظور[134]؟ أم كلاهما محظور[135]؟

105. فإن قلتم: إنّ إعمالَ الفكر وإشغالَ الخواطر به هو المحظور، فما أعظمَ مُصابَكم بعقولكم؛ إذ لم يَعلموا أنه ليس في العقل طريقٌ يُعرف الله به مِنْ جهة الاستدلال إلاَّ صُنْعُهُ.

106. نَعَم، يجوز أنْ يَضْطَرَّ اللهُ العقولَ إلى معرفتِهِ مِنْ غير استدلال، كما يفعله بالعِبَاد في دار العُقْبَى، وأنَّ المؤمنين والكفَّارَ يعلمونه تعالى اضطراراً، فَأَمَّا في دار التكليف -وهي دار الدنيا- فلم يفعلْهُ بِهِم. يجوز أنَّه فعَله ببعض الأنبياء والملائكة. فإذا تعبَّد اللهُ الخلائقَ بمعرفته بالاستدلال عليه وليس في العقل طريقٌ إلى ذلك إلاَّ النظر في أفعاله؛ استحال أن يَنْهَى عن النظر فيها.

107. نَعَم، لو كان في العقل طرقٌ كثيرةٌ للاستدلال عليه فقد يجوز [121/ب] أنْ يَرِدَ الحظْرُ بالنظر في بعضها خاصَّة، وهذه نُكتةٌ عظيمةُ المَوْقع، فتدَبَّرُوها.

108. **فإن قيل:** هل يجوز أن يَرُدَّ الشرع دَوْرَ القلوب؟

109. **قلنا:** لا يمتنع هذا عقلًا، إلاَّ أنه لم يَرِدْ به الشرعُ. لأن طُرُقَ الأحكام أربعة: الكتاب، والسُّنة، والإجماع، والعِبْرة، وليس في شيءٍ منها تحريمُ المناظرة فيه، بل جميعُها يدلُّ على الخوض فيه.

110. **فإن قيل:** قد وَرَدَ الشرعُ بذلك، وهو إجماعُ الصحابة على تَرْك الخَوْض فيه إذ لا يُعرف لهم فيه مناظراتٌ، وعَقْدُ مجالس، واعتراضاتٌ وانفصالات، وهكذا وَرِثوا

---

132 في الأصل: بها.
133 في الأصل: محصور.
134 في الأصل: المحصور.
135 في الأصل: محصور.

Cinquième réponse

104. Il convient de dire : quant à l'examen de l'adventicité du monde, ainsi que le raisonnement à partir de celle-ci pour prouver l'existence du Créateur, ou à partir de l'acte pour prouver l'existence de l'Agent, il est similaire à la voie suivie par Abraham ; prétendez-vous que cet examen donc, et le fait de s'y engager intellectuellement, seraient interdits, et ne fait nullement partie de l'islam ? Ou bien est-ce l'enseignement de ces questions, la discussion à leur sujet, ou l'organisation d'assemblées pour les aborder dans leurs chapitres et ramifications qui serait interdit ? Ou bien considérez-vous que les deux seraient interdits ?
105. Si vous dites que l'usage de la réflexion et la mobilisation de l'esprit à ce sujet sont interdits, alors quel malheur immense pour votre intelligence ! Car vous n'avez pas compris qu'il n'existe, pour l'intellect, nulle autre voie permettant de connaître Dieu que celle l'inférence qu'à travers Sa création.
106. Certes, il est possible que Dieu contraigne les esprits à Le connaitre, sans quelconque raisonnement, comme Il le fera pour Ses esclaves dans la Demeure de l'au-delà, où croyants et mécréants auront une connaissance contrainte de Lui. Mais dans la demeure de la charge légale (le monde d'ici-bas), Il ne l'a pas fait. Il se peut qu'Il l'ait fait à certains prophètes et aux anges. Or, si Dieu a imposé aux créatures de Le connaître au moyen d'un raisonnement, et qu'il n'existe pour cela dans la raison d'autre voie que l'examen de Sa création, alors il est impossible qu'Il l'interdise.
107. Certes, s'il y avait selon la raison plusieurs voies d'inférence menant à cette connaissance, il serait alors envisageable que l'interdiction porte sur certaines d'entre elles spécifiquement. Voilà un point subtil et d'une grande portée : méditez-le donc attentivement.
108. S'ils disent : Est-il possible que la loi révélée (*al-sharʿ*) révoque le rôle des cœurs ?
109. Nous disons : Cela n'est pas rationnellement impossible, mais la Loi révélée ne le stipule pas. En effet, les voies de détermination des statuts sont au nombre de quatre : le Livre, la Sunna, le consensus (*ijmāʿ*) et l'examen raisonné[212] (*al-ʿibra*), et il n'y a dans aucune d'elles l'interdiction de débattre sur ce sujet. Bien au contraire, toutes encouragent à s'y plonger.
110. S'ils disent : Il existe dans la Loi une preuve de [de l'interdiction du *kalām*], à savoir le consensus des Compagnons à s'abstenir de s'y plonger. En effet, on ne leur connaît à ce sujet ni débats, ni assemblées dédiées, ni objections, ni réfutations. Et ainsi ont-ils hérité leur religion de leur Prophète ; car les Traditions du Prophète et celles des Compagnons ont été transmises dans les compilations au-

212 Il s'agit ici de l'analogie.

دينَهم عن نبيِّهم عليه السَّلام، فقد نُقلت سُنَنُ النبيِّ عليه السَّلام وآثارُ الصحابة في المصنفات الصِّحاح، والمسانيد المرويّة عن العُدول، كالبخاري، ومسلم، والموطَّأ، وسُنَن النسائي، وسُنَن أبي داود[136]، وأنظارهم. لم يُنقلْ في شيء منها أنّ النبيَّ عليه السَّلام علَّم أصحابَه كيفيّةَ النظر والاستدلال، وبطريق الأدلّة ونَصْب الحِجاج، ولا سُمِع في عصره ولا في أعصارهم الجواهرُ، والأعراضُ، والأجزاء، والأقسام، بل لم يُسْمَعْ في عصرهم هذه اللفظة، أعني: علمَ الكلام، فضلًا عن الخوض فيه.

111. **فالجوابُ**: إنّما لم تكن المناظرة فيه في عَصْرهم على التحرير الذي انتهى أهلُ هذا العصر إليه ولا تحرَّر. فلا عِلْمَ من علوم الدِّين دَقَّ أو جَلَّ، ناظرتْ فيه الصحابةُ على تحرير أهلِ هذا العصر. فعُمْدةُ العلوم الإسلامية الفِقْهُ. والفقهاء قد حرَّروا كلامَهم فيه تحريراً لم يكن في زمن الصحابة، وأحدثوا فيه ألقاباً لم يعرفوها السلفُ، وهكذا المحدِّثون، والمقرئون، والنحويّون، واللغويّون، والعُبَّاد والزُّهَّاد، على ما قدَّمناه، فلا معنى لإعادته. [122/أ] فكلُّ جواب ينقدح في هذه العلوم مثلُه ينقدح في عِلْم الكلام.

112. **جوابٌ آخَر**: تركُهُم المناظرةَ فيه لا يَدُلُّ على التحريم ولا على نَفْي الجواز، وإنما يَدُلُّ على نَفْي الوُجوب.

113. **جوابٌ آخَر**: أنه لا يُظن بالصحابة وَمَن بعدهم أنّهم لم ينظروا، وإنّما نُقل عنهم عدمُ المناظرة، وتطوّرِ المناظرة، وإنّما لم يَنظروا لِعَدَم ظهور البِدعة.

114. والدليلُ على أنهم نظروا عِلْمُنا قطعاً أنّهم صدَّقوا النبي عليه السَّلام. وما كان يُعلم صِدْقُه ضرورةً، وإنّما عُلم بيقينٍ مِن النظر. فلولا أنّهم نظروا في آياته لمَا عَلِموا صِدْقه.

115. ومَنْ قال: إنّهم لم يَنْظُرُوا؛ فقد نسَبَهُم إلى الجهْل بصِدْق النبيِّ عليه السَّلام وصِحَّةِ دينه، وهذا غلَط.

116. **جوابٌ آخر** -وهو السِّرُّ الأعظم في تَركهم المناظرة فيه: وذلك أنّ العلوم الدينيّة أصليّها وفرعيّها ليستْ مشروحةً مبسوطةً في الكتاب والسُّنة. فإن القرآن زهاء ستة آلاف آية، والسنن الصحيحة أربعةُ آلاف ومائتين. وهذا القَدْر عسى أنْ يحويَه سِفْران. والعلوم

136 في الأصل: وأبو.

thentiques et des *musnad*[213]-*s* transmis par des transmetteurs fiables, comme [le *Ṣaḥīḥ* d'] al-Bukhārī, [de] Muslim, le *Muwaṭṭa'*, les *Sunan* d'al-Nasā'ī, d'Abū Dāwūd et d'autres. Or, il n'y est rapporté nulle part que le Prophète ait enseigné à ses Compagnons la manière de raisonner, d'argumenter, ni la méthode de présentation des preuves ou de construction de démonstrations. Jamais on n'a entendu parler à son époque, ni à la leur, des notions de « substance » (*jawāhir*), « accidents » (*a'rāḍ*), « éléments » (*ajzā'*) ou « divisions » (*aqsām*). Au contraire, ce même terme de *'ilm al-kalām*, et à plus forte raison la pratique qui y est associée, n'ont jamais été entendus à leur époque.

111. Réponse : en fait, ce qui n'existait pas à leur époque, c'étaient les débats tels que développés de nos jours, mais à vrai dire, il n'existe aucune science, fondamentale ou appliquée, que les Compagnons aient discutée de manière aussi formalisée que ce que nous connaissons aujourd'hui. Ainsi, l'une des sciences majeures de l'islam est le droit musulman (*fiqh*). Pourtant, les juristes ont affiné leurs discours à un niveau de précision qui n'existait pas du temps des Compagnons. Ils ont même introduit une terminologie inconnue du *Salaf*. Il en va de même pour les spécialistes du *ḥadīth*, des lectures du Coran, les grammairiens, les lexicographes, de même que les ascètes et les dévots — comme nous l'avons déjà expliqué, il n'y a donc pas lieu d'y revenir. Tout argument que vous pourriez avancer pour les autres sciences vaut également pour le *kalām*.

112. Autre réponse : le fait qu'ils n'aient pas pratiqué le débat ne prouve pas sa prohibition. Cela prouve seulement qu'il n'était pas obligatoire.

113. Autre réponse : on ne saurait penser des Compagnons ou de ceux qui leur ont succédé qu'ils n'ont pas procédé à l'examen rationnel ; on a simplement rapporté d'eux l'absence de débats, sinon une absence de débats approfondis. Et s'ils ne se sont pas engagés dans des raisonnements à cette époque, c'est parce que les innovations (*bida'*) ne s'étaient pas encore manifestées.

114. La preuve qu'ils ont bien raisonné est que l'on sache avec certitude qu'ils ont cru au Prophète. Or la véracité du Prophète ne peut être connue par nécessité (*ḍarūra*), mais uniquement par le biais d'une certitude obtenue par raisonnement. S'ils n'avaient pas raisonné à partir de ses signes, ils n'auraient pas su avec certitude qu'il disait vrai.

115. Et celui qui dit qu'ils n'ont pas raisonné les accuse, en réalité, d'ignorer la véracité du Prophète et l'authenticité de sa religion, ce qui est une erreur manifeste.

116. Autre réponse : le secret majeur de leur abstention tient à ceci : ni le Coran ni la Sunna ne détaillent exhaustivement les sciences — qu'elles soient fon-

213 Les recueils de *ḥadīth* sont de plusieurs formats, selon, par exemple, qu'ils soient classés en fonction des Compagnons (*musnad*) ou les chapitres de *fiqh* (comme le *Ṣaḥīḥ* d'al-Bukhārī).

المبثوثة في زماننا هذا تعجز عن حملها مدينة. وإنّما ذلك لأنّ القرآن والسُّنة إنّما احتويَا على أصول العلوم على وَجْه الإجمال والتنبيه والرمز. فينصُّ القرآنُ على كلمةٍ واحدةٍ فيُركِّب العلماء عليها وِقْرَ بعير. وإنّما كلامُ العلماء اليومَ في حُكْمِ الشرح والبيَّان لمَا أشار إليه القرآن.

117. وإذا ثبت هذا فإنّما كان السَّلَفُ الأوَّلُ يخوضون في العلوم على قَدْر مَسيس الحاجة، وما يَحْدُثُ مِن النوازل، وينوب مِن الحوادث، فلا جرَمَ قد تكلَّموا فيه، وأجابوا عن كلّ ما سُئِلُوا [122/ب] عنه فيما يَتعلَّق بالأصول على ما بيَّناه.

118. وكذلك ناظروا في الحوادث الفروعيّة لمَّا نزلتْ بهم وتخالفوا فيها. وسنعقد فيه باباً غليظاً مشتملًا على مناظرات الصحابة في الفروع.

119. والدليلُ على صحّة هذا أنّ عِلْمَ النحو لم يكن في عصر أوائل الصحابة. وإنّما أصلُه أنّ العرب بأرض الحجاز لمَّا كاثرتْهُم العَجَمُ وتناسلوا، وسَمْعهُم لغتُهم، فسَد لسانُهم وامتزج بالعجميّة. فسَمِعَ عليُّ بن أبي طالب رجلًا[137] يَلْحَن، فقال لأبي الأَسْوَد: أَنْحُ الناسَ، يقول: عَلِّمْهم أنحاءَ الكلام ومبانِيَهُ الصحيحةَ. فهذا أصلُ علم النحو، وهو مُحْدَثٌ كما ترى. مع أن القوم اشتغلوا بما هو أهمُّ من المباحثة في العلوم والمناظرة فيها، وهو الجهادُ في سبيل الله تعالى، وجَرّ الجيوش، وعَقْد الألوية، واستفتاحِ الأرض، وإذلالِ الكفر. وفي أيّامِهِم مَدَّ الإسلام أطنابَهُ، وظهَر على الدِّين كُلِّهِ، ولو اشتغلوا بالعلومِ بدلًا عن الجهاد لاستفحلت كلمةُ الشرك، وماتت موآدُّ الإسلام. فالجهادُ أصل، والعلم فرْع.

---

137 في الأصل: رجل.

damentales ou secondaires. En effet, le Coran compte environ six mille versets et les traditions authentiques sont au nombre de quatre mille deux cents ; tout ceci tiendrait aisément dans deux volumes manuscrits à peine. Quant aux sciences diffusées à notre époque, une ville entière ne suffirait pas à les contenir ! Cela s'explique par le fait que le Coran et la Sunna ne renferment que les fondements des sciences sous une forme globale, allusive ou implicite. Ainsi, à partir d'un seul mot énoncé dans le Coran, les savants peuvent rédiger autant de volumes d'exégèse que nécessaire au chargement d'un chameau. Ainsi, la parole des savants aujourd'hui relève de l'explication et de l'exégèse de ce que le Coran a évoqué par allusion.

117. Cela établi, il apparaît que les gens du *Salaf* ne s'engageaient dans les sciences qu'à la mesure des besoins urgents, à mesure des nouveautés et des événements. Ils ont assurément répondu à toutes les questions posées au sujet des fondements, comme nous l'avons expliqué.

118. De même, ils ont débattu à propos des évènements touchant aux branches du droit (*furūʿ*) lorsque cela s'est présenté à eux, et ils ont divergé à leur sujet. Nous consacrerons un chapitre complet aux débats des Compagnons concernant les branches du droit.

119. La preuve de cela est que la science de la grammaire (*al-naḥw*) n'existait pas [non plus] à l'époque des premiers Compagnons. Elle apparut lorsque les Arabes de la région du Ḥijāz, qui vivaient avec des non-arabes et en se mélangeant à eux par le mariage, et pour qui la langue se transmettait oralement, virent celle-ci se corrompre par le mélange aux langues non-arabes. C'est ainsi qu'un jour, ʿAlī b. Abī Ṭālib entendit un homme faire une faute. Il ordonna alors à Abū al-Aswad al-Duʾalī[214] : « Établis une méthode pour les gens » — c'est-à-dire : enseigne-leur les structures correctes de la langue. C'est ainsi qu'est née la grammaire, qui est, comme tu le vois, une innovation. Ceci sachant que les Compagnons étaient occupés par une chose plus importante que l'étude des sciences et les débats : le *jihād* dans le sentier de Dieu, la conduite des armées, la confection des étendards, la conquête des territoires et l'humiliation de la mécréance. C'est à leur époque que l'islam étendit ses fondations et fut victorieuse sur toute autre religion. S'ils s'étaient préoccupés des sciences plutôt que du *jihād*, la parole du polythéisme aurait pris le dessus, et les fondements de l'islam se seraient anéantis. Car le *jihād* est un fondement (*aṣl*), tandis que la science est une branche (*farʿ*).

---

214 Ẓālim b. ʿAmr, dit Abū l-Aswad al-Duʾalī (89/688) : poète et disciple de ʿAlī b. Abī Ṭālib. La littérature islamique le désigne comme étant le père de la grammaire arabe.

120. وأمّا قولُهم: إنّ الرسول عليه السَّلام لم يتكلَّم في حدَث العالَم كما يتكلَّم المتكلِّمون اليومَ؟ **فالجوابُ**: أن يُقال: ولم يتكلَّم أيضاً في الفِقْه وأبوابه، والقياسِ وأنواعِه، والاستدلالِ وأقسامِه؛ كما يتكلَّمُ الفقهاءُ اليومَ.

121. وكذلك لم يتكلَّمْ أيضاً في وجوه القراءاتِ، ومخارجِ الحروفِ، والرَّوْمِ والإشْمامِ، كما يتكلَّمُ المقرئون اليومَ.

122. وكذلك القولُ أيضاً في عِلْم التصوف[138]، وعلوم الأحوال ومقامات الزُّهَّاد.

123. **جوابٌ آخر**: إنّما لم يَتكلَّم النبيُّ عليه السَّلام في إثبات الصَّانع على طريق المتكلِّمين اليوم لأنّ القومَ كانوا يعرفون أنّ الله خالقُهم، قال الله تعالى حكايةً عنهم: (ولئن سألتهم مَن خلَقَهُم ليقولُنَّ الله) [الزخرف – 87]، [123/أ] فلم يَحْتَجْ إلى الخوض فيه. ألاَ ترى أنّ إبراهيم لمَّا كان في أُمَّة لا يُثبتون الصانع ذكَر لهم دلالةَ إثباته على أوضح وَجْه، فقال: (لا أحب الآفلين). فنَصَّ لهم على أصْل الدّلالة وأحال على العقول في تكميلها.

124. ثم بَسْطُ وجوهِها وشرحُ أطرافِها يَستدعي مُجلَّداً كاملًا، وقد أوضحنا سِرَّ هذه الآية.

125. والدليلُ على صحّة هذا التأويل أنّ العرب كانوا يتّخذون الأصنام شرَكاءَ لله، كما قالوا: (ما نعبدهم إلا ليقرّبونا إلى الله زلفى) [الزمر – 3]. فلا جرمَ يدلُّ القرآن بطريق فساده.

126. وضربَ فيه الأمثال وحثَّهم على الاعتبار، فقال: (ضرب الله مثلًا عبدًا مملوكًا لا يَقْدِرُ على شيء ومَنْ رزقناه مِنَّا رِزْقًا حسنًا فهو يُنفق منه سرًّا وجهرًا هل يستوون) [النحل – 75]. يقول: السيِّدُ والحُرُّ مُطْلَقُ اليد في النفقة، تامُّ المِلْك على الإطلاق، والعبدُ مملوك لا يقدر على النفقة، ولا يملك مِلْكاً تامّاً، فلم يستووا في حُكم المعقول، فكيف سوَّيتم في العبادة بين الأصنام وبين الله تعالى؛ والله هو الخالق الرازق، القابض الباسط؟ فالأصنام جماد لا تفعل شيئاً من ذلك.

138 في الأصل: النحو ويبعد تكراره ههنا والسياق وتشابه الحروف يدل على المراد.

120. Quant à leur objection : « Le Prophète n'a pas parlé de l'adventicité du monde comme le font les théologiens aujourd'hui » la réponse est la suivante : Il n'a pas non plus abordé les différents chapitres de droit musulman, ni les différentes sortes d'analogie, ni les catégories d'argumentation comme en parlent aujourd'hui les juristes.

121. Il n'a pas davantage parlé des variantes de lecture coranique, des points d'articulation des lettres, du *rawm* et de l'*ishmām*[215] comme le font aujourd'hui les spécialistes de la lecture.

122. Il en va de même pour le soufisme, les sciences des états spirituels, et les stations (*maqāmāt*) des ascètes.

123. Autre réponse : En fait, si le Prophète ne s'est pas engagé dans une démonstration rationnelle de l'existence du Créateur selon la méthode des théologiens d'aujourd'hui, c'est parce que son peuple reconnaissait déjà Dieu comme leur créateur. Dieu a d'ailleurs rapporté leur parole : « Et si tu leur demandais qui les a créés ils répondraient : Dieu » [*Cor.* XLIII, 87]. Il n'y avait donc nul besoin d'entrer dans ce débat. Ne vois-tu pas que lorsqu'Abraham fut confronté à un peuple qui ne reconnaissait pas le Créateur, il leur exposa on ne peut plus clairement la preuve de Son existence ? Il leur dit ainsi : « Je n'aime pas [adorer] les choses qui disparaissent », leur indiquant ainsi l'élément à l'origine de la démonstration, tout en renvoyant à la raison humaine son développement.

124. L'exposé détaillé de cette démonstration et l'explication de ses aspects nécessiteraient un volume complet. Nous avons déjà clarifié le mystère de ce verset.

125. La preuve de la justesse de cette interprétation est que les Arabes prenaient les idoles en tant qu'associées à Dieu, disant : « Nous ne les adorons que pour qu'elles nous rapprochent davantage de Dieu » [*Cor.* XXXIX, 3]. Le Coran s'est donc, sans surprise, engagé à démontrer la fausseté de cette justification.

126. Il leur a donné des paraboles et les a exhortés à en tirer des leçons en disant : « Dieu vous a donné en parabole un esclave incapable de tout et un autre homme à qui Nous avons accordé une belle subsistance qu'il dépense en secret et en public ; sont-ils équivalents ? » [*Cor.* XVI, 75]. C'est-à-dire : l'homme libre et maître de lui-même dépense librement et possède ses biens entièrement, tandis que l'esclave, en tant que propriété d'autrui, ne peut dépenser ni ne possède quoi que ce soit pleinement. Ils ne sont donc rationnellement pas équivalents ; alors comment avez-vous osé mettre sur un pied d'égalité les idoles et Dieu dans l'adoration ? Pourtant, Dieu est le Créateur, le Pourvoyeur, Celui qui resserre et qui élargit la subsistance, tandis que les idoles sont des objets inertes qui ne font rien de cela.

---

215 Le *rawm* et l'*ishmām* sont deux termes de *tajwīd*, qui renvoient à différentes réalisations de l'arrêt (*waqf*) : le *rawm*, qui consiste à prononcer une petite partie de la voyelle, est sonore, là où l'*ishmām*, qui consiste à rapprocher les lèvres pour indiquer la *ḍamma* sans la prononcer, est visuel.

127. وقال فيها أيضاً: (وضرب الله مثلًا رجلين أحدهما أبْكَم لا يقدر على شيء وهو كَلٌّ على مولاه أينما يوجههُ لا يأت بخير هل يستوي هو ومَنْ يأمر بالعدل) [النحل – 76]. يقول: كما لا يستوي في حُكمهم هذا العبدُ الأبكمُ الفاجرُ الذي لا يأت من قِبَله الخير، والرجلُ الحُرُّ الفصيحُ الآمِر بالعَدْل السَّالك صراطَ الاستقامة، كذلك لا يستوي أن يَرُبُّوا الأصنامَ في عبادتي وهي جماد بكماء عاجزة، لا يُرجى من مثلها جلبُ خيْر، ولا دفعُ ضُر.

128. وفيه نزلتْ: (ضَرب لكم مَثَلًا مِن أنفسكم هل لكم مِن مّا ملَكت أيمانكم مِنْ شركاء في ما رزقناكم فأنتم فيه سواء تخافونهم كخيفتكم أنفسَكم) [الروم – 28]. [123/ب]

129. وفيه نزلت: (ضرب الله مثلًا رجُلًا فيه شركاء متشاكسون ورجلًا سلمًا لرجل هل يستويان مثلًا) [الزمر – 29].

130. وهذا مَثَلٌ[139] ضربه الله للكافر الذي يَعْبدُ آلهةً ويطيع جماعةً من الشياطين، والمؤمن الذي لا يعبد إلاَّ الله الواحد. يقول: هل يستوي هذا الذي يخدم جماعةً شركاء؛ تسوسه أجلافهم، متباينة نياتُهم، لا يلقاه أحد إلاَّ جرَّه واستخدمه، والذي يخدم واحداً[140] لا ينازعه فيه أحد إذا أطاعه عرف ذلك له، وإن أخطأ صفح عنه؛ فأيهما أقل تعباً؟

131. ولذلك العرب أيضاً كانت تقول: الملائكة بناتُ الله، وهو المعنيّ بقوله – وهو قوله تعالى: (وجعلوا بينه وبين الجنة نسبًا) [الصافات – 158] – يعني: الملائكة.

132. فأنزل الله تعالى فيهم: (ويجعلون لله البنات سبحانه ولهم ما يشتهون وإذا بشر أحدهم بالأنثى ظل وجهه مسودا وهو كظيم) [النحل – 57–59].

133. يقول: إذا وضع أزواجكم البنات تغيَّرت وجوهكم عليها كظيماً، مملوءًا غيظاً. يتوارى أحدكم[141] من القوم، يقول: لا يستطيع المقام في جماعته لعِظَم مصيبته بالبنت، بل يختفي عنهم. ويظل يضطرب[142] رأيُه؛ هل يدسُّها في التراب حية فتموت هناك، وهي الموؤدة التي قال الله تعالى: (وإذا الموؤدة سئلت بأي ذنب قتلت) [التكوير – 9]، أو يمسكها على هُونٍ.

139 في الأصل: مثلا.
140 في الأصل: أحد.
141 تضاف ليستقيم المعنى.
142 في الأصل: يطرب.

127. Il a également dit dans ce sens : « Dieu donne en parabole deux hommes. Le premier est muet, capable de rien et à la charge d'un maître qui n'apporte rien de bon où qu'il le dirige. Serait-il équivalent à celui qui ordonne l'équité ? » [*Cor.* XVI, 76]. C'est-à-dire que de la même manière que d'après eux, un serviteur muet, grand pécheur et incapable de rien produire de bon n'est pas équivalent à un homme libre, éloquent, qui ordonne l'équité et suit une voie droite, il n'est pas équivalent de M'adorer et d'adorer des idoles muettes et impuissantes dont n'est espéré ni bien ni mal.

128. Dans cette même idée a été révélé : « Dieu vous a donné une parabole tirée de vous-mêmes ; avez-vous en vos esclaves des associés auxquels vous seriez égaux, de sorte que vous craigniez d'eux ce que vous craignez pour vous-mêmes les uns des autres ? » [*Cor.* XXX, 28].

129. De même, il a été révélé : « Dieu a donné la parabole d'un homme soumis à des associés en conflits tandis qu'un autre est soumis à un seul homme. Sont-ils équivalents ? » [*Cor.* XXXIX, 29].

130. Il s'agit d'une parabole qu'a donné Dieu à propos du mécréant qui adore plusieurs divinités, obéit à un groupe de diables, et du croyant qui n'adore que Dieu l'Unique. Il dit donc : sont-ils égaux celui qui est asservi à un groupe de plusieurs maîtres associés, dominé par des rustres divergents dans leurs intentions et dont aucun ne le laisse en paix, et celui qui est au service d'un seul maître, sans rival, qui reconnaît sa fidélité et pardonne ses fautes ? Lequel des deux endure le moins de pénibilités ?

131. C'est ainsi que les Arabes disaient également que les anges sont les filles de Dieu. C'est d'ailleurs à ça que l'allusion est faite par Sa parole, à savoir : « Ils ont établi une filiation entre Lui et les êtres invisibles (*jinna*) » [*Cor.* XXXVII, 158], c'est-à-dire : les anges.

132. Dieu a donc révélé à leur sujet : « Ils attribuent à Dieu des filles – gloire à Lui ! – alors qu'ils ont [les fils] qu'ils désirent et que lorsque l'il est annoncé à l'un d'eux la naissance d'une fille, son visage reste se noircit de colère » [*Cor.* XVI, 57–59]

133. C'est-à-dire : Lorsque vos épouses vous donnent des filles, vos visages se couvrent d'une colère pleine de rage. L'un de vous se cache des gens, incapable de paraître devant eux, tant le malheur lui semble grand, hésitant même entre l'enterrer vivante et la tuer – et c'est la fillette enterrée au sujet de laquelle Dieu a dit « Lorsque la fillette enterrée vivante sera interrogée : pour quel péché a-t-elle été tuée ? » [*Cor.* LXXXI, 9] et entre la garder, dans l'humiliation.

134. فهذا وما في بابه ممَّا احتوى عليه القرآنُ من ضرب الأمثال يدلُّك على أن الشرائع المنزلة من السماء إنما كان ينزل الكثيرُ منها على حسب مسيس الحاجة إليها. وكذلك خوضُ أربابها فيها: إنما كان -أيضاً- على حسب النوازل، وما ينوب من الحوادث.

135. فإن قال لنا قائل: فلماذا إيراد[143] علم الكلام مَحَلَّ السُّنة إذا اعترضت أو للرد على المبتدعين وأهل الضلال [124/أ] وسائرِ المعترضين من المشركين، أو للعمل فيما بينكم وبين الله تعالى؟

136. وخبِّرونا: لو كان الإسلامُ اليوم كما كان في أوَّل الأمر، محروساً بالسيف عن زيغ الزائغين وطعن الملحدين، هل مِن قَضِيَّة دينِ الإسلام دراسةُ علم الكلام؟

137. **والجواب**: أن هذا سؤال لا يلزم الجوابُ عنه؛ لأنه سؤال عمَّا عَلِم الله أنه لا يكون أن لو كان كيف كان يكون. فمَّا تعبَّدنا الله تعالى فيه باعتقاد نَفْيٍ ولا إثبات، فافْهَمُوه.

138. **والجواب الثاني** أن يُقال: خبِّرونا أن لو كان الإسلامُ اليوم كما كان على عَهْد أصحاب محمَّد عليه السَّلام، كيف كانت تكون العلوم الشرعية كالفِقْه مثلًا؟ أكان يكون لله تعالى علينا أن نخوض فيه كما يخوض الفقهاء اليوم على النحو الذي اشتملت عليه مصنفاتُهم في أصول الفقه وفُروعه، وتفريع مسائله وتوجيهه، وموانع القياس وأقسامه، وتعدُّد السؤالات على أركانه؟ أو كانَ يكون لله علينا اعتقادُ وجوب الخوض فيه إن احتِيج إليه وهو هو القِسْمُ اللأزم؟ فكلُّ جواب لكم في السمعيات هو جوابُنا في العقليات.

139. **الجواب الثالث** أن يُقال: التقسيم الذي قسَّمتموه باطل. فإن الذي يُرَدُّ به على المخالفين هو الذي ندين الله بصحته، ونعتقد أنه دينه فيما بيننا وبينه. لو لم يفرض مخالف، إلاَّ أن علم الكلام منه فَرْضُ عَيْن، ومنه فرضُ كفاية، ومنه قسمٌ مندوب، فندين لله تعالى به على هذا الوجه. وإذا[144] كان منه فرضِ عين لزم الكافة، والمفروض على وَجْه الكفاية يلزم بعضهم، والمندوب لا يلزم أحداً.

---

143 سقطت الألف في الأصل.
144 في الأصل: وإنما.

134. Ainsi, tout cela et ce qui est de cet ordre dans le Coran — notamment l'usage des paraboles — montre que les Lois révélées du ciel étaient pour la plupart révélées selon les besoins du moment. Il en va de même pour les savants qui se sont engagés [dans le *kalām*] : leur implication se faisait en fonction des événements et des nécessités.

135. Si quelqu'un nous dit : Pourquoi alors la science du *kalām* prend-elle la place de la Sunna pour objecter et répondre aux innovateurs, aux gens de l'égarement, ou encore aux objections des polythéistes ? Et pourquoi l'utilisez-vous dans votre relation avec Dieu ?

136. Et d'ajouter : dites-nous, si l'islam aujourd'hui était encore comme à ses débuts — protégé par l'épée contre les déviants et les attaques des irréligieux — est-ce que l'étude de la science du *kalām* serait [encore] un sujet inhérent à la religion musulmane ?

137. Première réponse : il n'est pas nécessaire de répondre à cette question, qui revient à demander au sujet d'une chose que Dieu a su inexistante : « Comment aurait-elle été si elle avait existé ? ». Dieu ne nous a pas chargé de quelconque croyance ni affirmative ni négative à ce sujet. Comprenez donc bien cela.

138. Deuxième réponse : Dites-nous, si l'islam aujourd'hui était comme à l'époque des Compagnons du Prophète, comment se présenteraient alors les sciences religieuses, comme la jurisprudence, par exemple ? Serait-il alors un devoir sur nous envers Dieu de nous y engager comme le font les juristes aujourd'hui, avec tous les développements de leurs ouvrages en *uṣūl al-fiqh*, ses ramifications, la multiplication des cas hypothétiques, les classifications des types de *qiyās*, et toutes ces questions détaillées ? Ou bien nous incomberait-il seulement de croire que c'est obligatoire pour nous de nous y engager si le besoin s'en faisait sentir auquel cas c'est une obligation ? Toute réponse que vous donnerez pour les sciences scripturaires (*samʿiyyāt*) sera notre réponse à vous pour les sciences rationnelles (*ʿaqliyyāt*).

139. Troisième réponse : la division que vous avez posée est invalide. Car ce par quoi l'on réfute les opposants est justement ce que nous tenons pour vrai dans notre foi, entre nous et Dieu. À supposer qu'il n'y ait aucun adversaire, nous affirmerions quand même que la science du *kalām* peut tantôt être une obligation personnelle (*farḍ ʿayn*), tantôt une obligation collective (*farḍ kifāya*), tantôt enfin recommandée (*mandūb*). C'est de cette façon que nous adorons Dieu : ce qui est une obligation individuelle engage la totalité des gens, ce qui est une obligation collective engage une partie d'eux, et ce qui est recommandé n'est imposable à personne.

140. وسنعقد فصلًا في انقسامه إلى فَرْض عيْن، وفَرْض كفاية، فهو الغاية في الجواب عن هذا السؤال. [124/ب]

141. وأمَّا قصةُ عُمَر مع صَبيغ فرواها[145] مالك في كتاب الجهاد من موطئه. وكانت قصتُه: أنه كان يعترض الناسَ ويسألهم عن مُتشابه القرآن على وَجْه العنَت.

142. ورُوي: أنه كان يقول للناس: ما الذاريات ذرواً؟ وما الحامِلات وِقْراً؟ وما النازعات غرقاً؟ ونحوه؛ ممَّا لا يعلم الناس، فيُلَبِّسُ عليهم دينَهم.

143. ثم رُوي عنه: أنه كان يسأل، ولا يقتضي الجواب، وهذا الدليل على الزغل وإلْف الشبهة في القلوب.

144. وقيل: إنه كان يُجري متشابه القرآن على ظاهره. فاستحضره عمر فضربه مائةً بالجريد الرطب، وجعله في بيت، فلمَّا برئ دعا به فضربه مائةً أُخرى، ثم حبَسه. فلمَّا برئ دعا به فقام[146] ليضربه. فقال له: يا أمير المؤمنين؛ إن كان قتلاً فقتلٌ جميل، وإن كان أدباً فقد -والله- بلغ منتهاه. فحمله عمر إلى البصرة على قَتَب. وكتب إلى أبي موسى الأشعري: امنع الناسَ من مجالسته. فلم يزل مهجوراً حتى أتى أبا موسى، فحلف له بالأيْمان المُغلَّظة أنه ما يجد في نفسه ممَّا كان يجد شيئًا. فكتب في ذلك إلى عمر، فكتب عمر: ما إخاله إلاَّ قد صدق، فخَلِّ بينه وبين مجالسة الناس.

---

145 في الأصل: رواه.

146 سقطت الميم في الأصل.

140. Nous consacrerons un chapitre à la division du *kalām* en obligatoire personnel (*farḍ ʿayn*) et obligatoire communautaire (*farḍ kifāya*), car cela constitue l'objectif ultime de cette question.

141. Quant à l'histoire de ʿUmar avec Ṣabīgh, elle est rapportée par Mālik dans le chapitre du *Jihād* de son *Muwaṭṭaʾ*[216]. Son histoire est qu'il interpellait les gens et les questionnait sur les versets ambigus du Coran (*mutashābihāt*) avec obstination et malveillance.

142. Il a été rapporté[217] qu'il interrogeait les gens sur la signification des *dhāriyāt dharwā* (« celles qui s'éparpillent » [*Cor.* LI, 1]), des *ḥāmilāt wiqran* (« les porteuses de charge » [*Cor.* LI, 2]), mais aussi des *nāziʿāt gharqā* (« celles qui arrachent violemment » [*Cor.* LXXIX, 1]) — c'est-à-dire des versets que la plupart des gens ne comprenaient pas, et il semait ainsi la confusion dans leur religion.

143. Il fut aussi rapporté qu'il posait des questions sans chercher réellement de réponses — ce qui indique un cœur troublé, habitué aux ambiguïtés.

144. On dit aussi[218] qu'il prenait les versets équivoques selon leur sens littéral. ʿUmar le convoqua alors et le frappa de cent coups de rameau frais, puis l'assigna à résidence. Quand il guérit, il le fit encore frapper cent fois, puis l'emprisonna. Lorsqu'il guérit, ʿUmar le fit comparaître, et Ṣabīgh lui dit : *« Ô Commandeur des croyants, si c'est une exécution, alors qu'elle soit belle ; et si c'est une correction, par Dieu, elle a atteint sa fin »*. ʿUmar l'envoya alors à Baṣra, à dos de chameau, et écrivit à Abū Mūsā al-Ashʿarī : *« Empêche les gens de le fréquenter »*. Il resta ainsi isolé, jusqu'à ce qu'il vienne à Abū Mūsā en jurant par les serments les plus solennels qu'il ne ressentait plus rien de ce qu'il éprouvait auparavant. Abū Mūsā écrivit à ce sujet à ʿUmar, qui répondit : *« Je crois qu'il dit vrai ; laisse-le fréquenter les gens. »*

---

216 Nous n'y avons trouvé qu'une brève allusion : il s'agit d'une parole d'Ibn ʿAbbās, qui, importuné par une personne qui lui posait la même question plusieurs fois, compara ce dernier à « Ṣabīgh que ʿUmar a frappé » (*Ṣabīgh alladhī ḍarabahū ʿUmar*). Voir : *Muwaṭṭaʾ*, II, p. 455.

217 Dans son commentaire du *Muwaṭṭaʾ*, Abū l-Walīd al-Bājī (l'un des premiers maîtres d'al-Turṭūshī) précise que c'est ʿUmar b. al-Khaṭṭāb directement que Ṣabīgh interrogea au sujet des trois premiers versets de la sourate *al-Dhāriyāt* (*Wa-l-dhāriyāt dharwā. Fa l-ḥāmilāt wiqrā. Fa l-jāriyāt yusrā*) et qu'il répondit respectivement : les vents, les nuages et les bateaux. Le troisième verset cité dans notre texte diffère donc. Notons qu'al-Bājī ajoute deux autres précisions : Ṣabīgh était taymite, et la tradition le concernant est rapportée par Saʿīd b. al-Musayyab. Voir : *al-Muntaqā*, III, p. 194.

218 Al-Bājī cite ce paragraphe intégralement directement après l'interrogation au sujet d'*al-Dhāriyāt*, sans la mention de la première phrase sur les versets équivoques, alors qu'ici le *wa qīl* laisse croire qu'il s'agit d'une autre transmission.

145. فهذا عمر صرفَ مبتدعاً لدَغَله في الإسلام وإحْداثه البدعَ. ثم تناقص الأمر، وتُركت السُّنة، وظهرت البِدَع، حتى ضرب المعتصمُ أحمدَ بن حنبل على التمسُّك بالسُّنة. وقال له المعتصِم: إن لم تقلْ بخَلْق القرآن وإلاَّ قتلتُك.

146. فانظروا -رحمكم الله- كيف كان الإسلام محروساً بالسيْف مِن البِدَع والحوادث، وكيف ذهب الإيمان وسُنَّته، حتى صارت البدعُ والضلالاتُ في الملوك وأصحاب السيوف. فإذا غُمِّدَ سيفُ الحق عن نُصرة الدين لم يَبْقَ إلاَّ سيفُ الحُجَّة.

147. ولو كان أحمد بن حنبل خَصِماً جَدِلًا ومناظراً مِحجاجاً يَهتدي للحُجَج العقلية، بصيراً بالأصول التي [125/أ] هي ينابيعُ الحق ومكامن الباطل لم يَعْبَثْ به المعتصِم، بل كان المعتصم وردُّه إلى الصواب أقرب.

148. وأمَّا ما رُوي مِنْ مالك والشَّعْبي وغيرهم عَنْ عِلْم الكلام فمحمولٌ على أنَّهم أرادوا به خلافَ عُصْبَة أهل الحق مِنَ الخوارج والقدريّة المعتزلة والمرجئة والروافض وأنظارهم فبأولى هم أهل الأهواء.

149. فأمَّا الأشعري وأصحابُه، وإنما انتصبوا للردّ على أهل الأهواء. فكيف يُنكِر مالكٌ الردَّ على أهل الأهواء؟ وكيف يكون مُبْطِلًا مَن أفنى عمرَه في الردّ على المبْطِلين والنضال عَنْ دين المسلمين؟ وكيف لا وأصول الأشعريّ موافِقةٌ لأصول مالك والشافعي وأحمد بن حنبل، لم يخالِفْهم في كلمة، بيْدَ أنهم اقتصروا على العقائد، والأشعريّ طرَّرها بالحُجَج[147] والبراهين؟

150. وهذه الكلمة فصلُ الخطاب في هذا الباب، وفيها عِبرة لأولي الألباب. وكيف لا والسادة الغرر والأئمة الصُّدور والمناظرون الفحول من أصحاب مالك والشافعي جميعهم أشعري، وما من كلمة صدرتْ عن هؤلاء الأئمة في ذَمِّ أهل الأهواء إلاَّ مقرونةً بتفسير مَنْ أُرِيدَ بها.

---

147 في الأصل: الحجاج.

145. Voici donc comment ʿUmar a écarté un innovateur pour avoir semé la confusion dans l'islam et introduit des innovations. Puis, les choses ont changé : la Sunna fut délaissée et les innovations (*bidʿa*) se sont répandues, au point qu'al-Muʿtaṣim[219] frappa Aḥmad b. Ḥanbal pour s'être attaché à la Sunna, et lui a dit : *« Si tu ne dis pas que le Coran est créé, je te tuerai. ».*

146. Voyez donc — que Dieu vous fasse miséricorde — comment l'islam était autrefois protégé contre les innovations et les événements nouveaux au moyen de l'épée, puis comment la foi et la Sunna s'éteignirent peu à peu, au point que les innovations et les égarements sont parvenues aux portes des souverains et les chefs armés. Ainsi, alors que l'épée de la vérité avait été rengainée au détriment du secours de la religion, il ne resta alors plus que l'épée de l'argumentation (*sayf al-ḥujja*).

147. D'ailleurs, si Aḥmad b. Ḥanbal avait été un homme de débat habile en controverse qui maîtrise les arguments rationnels tout en étant à même de distinguer avec clairvoyance les fondements — qui sont les sources de la vérité – et les repaires de l'erreur, alors jamais al-Muʿtaṣim aurait joué avec [sa vie] de la sorte, et celui-ci aurait été plus à même de revenir à la vérité.

148. Quant à ce qui est rapporté de Mālik, d'al-Shaʿbī et d'autres au sujet de leur blâme du *kalām*, cela doit être compris comme visant autre chose que la voie du groupe des gens de la vérité — c'est-à-dire [le *kalām* des] Khawārij, les Qadarites, les Muʿtazilites, les Murji'ites[220], les Rāfiḍites et ceux de leur espèce parmi les Gens des passions déviantes (*Ahl al-ahwāʾ*).

149. Concernant al-Ashʿarī et ses disciples, ils ne se sont levés que pour réfuter ces Gens des passions. Comment alors Mālik aurait-il pu blâmer le fait de leur répliquer ? Et comment aurait-il pu disqualifier celui qui a consacré sa vie à réfuter les fauteurs de mensonge et à défendre la religion des musulmans ? D'autant que les fondements d'al-Ashʿarī sont en accord avec ceux de Mālik, al-Shāfiʿī et Aḥmad b. Ḥanbal. Ils ne diffèrent d'eux en rien, pas même un seul mot. La seule différence est qu'eux se sont contentés d'[énoncer] les croyances, alors que lui les a enrichies d'arguments et de preuves.

150. Et cette parole est la clé décisive dans cette question, une leçon pour ceux qui réfléchissent. Comment cela ne le serait-il pas, quand les grandes figures de l'islam, les maîtres du débat parmi les compagnons de Mālik et d'al-Shāfiʿī sont tous des ashʿarites ? Ceci sachant que chaque parole de ces imams blâmant les Gens des passions déviantes est toujours accompagnée d'une explication précisant qui est visé.

---

219 ʿAbbās b. Hārūn al-Rashīd, dit al-Muʿtaṣim (227/842): souverain ʿabbāside. C'est le troisième fils d'Hārūn al-Rashīd à prendre le titre de calife.

220 Secte associée à Jahm b. Ṣafwān (128/746) ayant pour doctrine que le péché ne nuit pas au croyant tant qu'il a la foi.

151. أمَّا مالك فقال: أرى أن يُستتاب القدريةُ وأهلُ الأهواء، فإن تابوا وإلاَّ قُتِلوا. قال مالك: والقدريةُ أشرُّ الناس، ورأيتهم أهلَ طَيْش وسخافة عقول.

152. قيل لمالك: فالحديثُ الذي جاء: مَنْ قال لأخيه: يا كافر؛ فقد باء بها أحدُهما، قال: أراه في الحَرُورية، قيل: فتراهم بذلك كُفَّاراً؟ قال: ما أدري يا[148] هذا؟

153. قال مالك: وَمَن سَبَّ أصحابَ النبي عليه السَّلام فلا حَظَّ له في الفَيْء لقول الله تعالى: (والذين جاؤوا مِنْ بعدهم يقولون ربنا اغفر لنا ولإخواننا الذين سبقونا بالإيمان ولا تجعل في قلوبنا غلا للذين آمنوا) [الحشر – 10]. [125/ب]

154. وأمَّا الشافعي فإنّما ذَمَّ القدريّةَ، وإنّما ناظَره حفصٌ[149] الفَرْد وهو قَدَريّ.

155. وكيف لا وهؤلاء الأئمة تكلَّموا في أهل الأهواء قبل أن يُخلق الأشعري بمائة وخمسين سنة؟ فما وُلد الأشعري إلاَّ والدنيا قد اضطرمت ناراً من انتشار الفتن، وحدوث البدَع، واتِّباع الأهواء، وركوب الضَّلالات، فما أحْدَثَ في دين الله تعالى مقالةً تُحفظ أكثر من أنه جمعَ المقالات المُحْدَثة للمُبْتدِعة، وجعل يردُّ عليها، ويُبيِّن وجهَ فسادها، فإن كانت البدعةُ إنما طريقُها العقلُ دون السمع بيَّن فسادَها بطريق العقل دون السمع، وإن كانت البدعةُ طريقُها السمعُ ردَّ عليهم بالسمع.

156. وتحصَّل أيضاً أنّما ذمُّوه والناسُ متماسكون بأديانهم، هاجرون للبِدَع وأهلِها، وكلّ ما يأباه[150] الإسلامُ، فرأوا إماتة البدع، وخافوا أن يكون خوضُهم فيها إحياءً لها وتجديداً لذِكْرها على ممرِّ الأيَّام.

---

148 في الأصل: ما، وما أثبتنا أقرب وأوفق لرواية ابن أبي زيد في كتاب الجامع.
149 في الأصل: جعفر.
150 العبارة برمتها غير واضحة. وأفترض أنه هكذا كان في الأصل.

151. Ainsi, Mālik a dit[221] : *« Mon avis est que les Qadarites et les gens des passions déviantes (Ahl al-ahwā') doivent être sommés de se repentir. S'ils se repentent, bien leur en fasse ; sinon, ils devront être exécutés ».* Mālik a aussi dit[222] : *« Les Qadarites sont les pires des gens. Je les ai trouvé irréfléchis et stupides ».*

152. Mālik a été interrogé[223] : *« Que dis-tu du* ḥadīth *qui dit : Celui qui dit à son frère : ‹ô Mécréant›, alors l'un des deux l'est ? »* Il répondit : *« Je pense qu'il concerne les Ḥarūrites*[224] *».* Il lui alors été demandé : *« Considères-tu ceux-ci comme mécréants ? »* Il répondit : *« Que sais-je ô Toi qui m'interroges ? ».*

153. Mālik a dit[225] : *« Celui qui insulte les Compagnons du Prophète n'a aucun droit au butin* (fay') *; car Dieu a dit : « Et ceux qui sont venus après eux disent : ‹Seigneur, pardonne-nous, ainsi qu'à nos frères qui nous ont précédés dans la foi, et ne mets pas dans nos cœurs de rancune envers ceux qui ont cru...› »* [*Cor.* LIX, 10]

154. Quant à al-Shāfi'ī, ce sont les Qadarites qu'il a blâmés, et il n'a débattu qu'avec Ḥafṣ al-Fard, un qadarite notoire.

155. Et comment cela pourrait-il en être autrement, alors que ces imams ont parlé contre les gens des passions cent cinquante ans avant la naissance d'al-Ash'arī ? Ce dernier n'est né que lorsque le monde était déjà en feu à cause de la propagation des dissensions, de l'apparition des innovations, des passions et de la montée des égarements ? [Al-Ash'arī] n'a donc rien innové dans la religion de Dieu, pas même une seule parole attestée, si ce n'est uniquement d'avoir rassemblé les propos des innovateurs, puis de les avoir réfutés en exposant clairement leur fausseté ; lorsque l'innovation reposait sur la raison et non sur la révélation, il la réfutait par la raison, et si elle s'appuyait sur la révélation, il répondait par la révélation.

156. Il découle ainsi de tout cela que ceux qui ont blâmé [le *kalām*] l'ont fait à une époque où les gens s'accrochaient encore à leur religion et fuyaient les innovations, leurs auteurs et tout ce qui contredit l'islam. Ayant vécu un temps où les

---

221 C'est en ces termes qu'est résumée la parole de Mālik dès le IIIème/Xème siècle. Voir par exemple : Ibn Mundhir, *al-Awsaṭ*, Amman, Dār al-Falāḥ,2010, XIII, p. 519. Dans la *Muwaṭṭa'*, Mālik rapporte que son oncle Abū Suhayl a été interrogé par 'Umar b. 'Abd al-'Azīz au sujet des Qadarites et qu'il a répondu : « Mon avis est de les sommer de se repentir. S'ils se repentent, bien leur en fasse, sinon je les exposerai à l'épée ». Et 'Umar b. 'Abd al-'Azīz d'ajouter : « Et c'est mon avis aussi ». Et Mālik de conclure : « Et c'est le mien aussi ». *Muwaṭṭa'*, II, p. 900.

222 Ibn Abī Zaydal-Qayrawānī, *Kitāb al-Jāmi' fī l-sunan wa-l-ādāb wa-l-maghāzī wa-l-tārīkh*, Tunis, al-Maktaba al-'atīqa, 1983, *p.* 121.

223 *Kitāb al-Jāmi'*, pp. 124–125.

224 Secte apparue à l'époque des premiers califes. Nommée ainsi d'après le nom de son fondateur, Ḥabīb b. Yazīd al-Ḥarūrī, elle est une branche du kharijisme.

225 Abū Nu'aym, *Ḥilyat al-awliyā' wa-ṭabaqāt al-aṣfiyā'*, Le Caire, Maṭba'at al-Sa'āda, 1974, VI, p. 327.

157. وهذا وجهُ قَوْلِ مالك لمَّا سُئِل: أيَرُدُّ على أهل الأهواء مَنْ تَقَوّى على كلامهم؟ فقال: «لا» مع أنه قد خالفه ابن هُرْمُز على ما حَكَيناه.

158. فأمَّا بعد انتشارها وظهورها، وتدريس أربابها إياها في المدارس والحِلَق، وتدوينهم لها في الكتب، وعَقْدهم فيها مجالس المناظرات؛ فلا وَجْهَ لإمساك الردِّ عليهم، كيف وما نراها تزداد مع تعاطي الأئمة لرَدِّها إلاَّ انتشاراً؛ فإن الباطل خفيف، والناسُ إلى الجديد أَمْيَل.

159. فأمَّا قولُ مالك للذي قال له: كيف استوى على العرش؟: «السؤال عنه بدعة»، فصِدْقٌ؛ لأنه سؤال يؤدِّي إلى تشبيه المعبود، وهو قوله: كيف. ولا ينبغي أن يسأل عنه بالكيفية، فصفاتُ البارئ تعالى غير مُكَيَّفة.

160. وأمَّا قولُ أحمد للمُحاسِبِي: أليس تحكي بدعتهم، وتحمل [126/أ] الناسَ بتصنيفك على مُطالعة البِدْعة والتفكُّر في تلك الشبهات؟ فهذا رأيٌ رآه أحمد، وليس كلُّ عالم يَرى رأياً يجب على المسلمين أن يتّخذوه آيةً مُحْكَمة، أو سُنَّة مُتَّبعة؛ لأن قائله ليس بمعصوم، فقد يخطئ ويصيب. وحاكي الكُفر والبدع ليُحذِّر الناس منها، ويدلَّ على وَجْه فسادها هو دين الله تعالى.

161. والدليلُ عليه أن الله تعالى هو حَكى في كتابه مِن أنواع الكفر والضلال غيرَ قليل، فقال: (لقد كفر الذين قالوا إن الله ثالث ثلاثة) [المائدة – 73]. ثم ردَّ عليهم فقال: (وما من إله إلاَّ إله واحد) [النساء – 171].

innovations avaient disparu, ils ont craint qu'en s'engageant à réfuter celles-ci ils contribueraient à les faire revivre et à en perpétuer le souvenir au fil du temps.

157. C'est ce qui explique la parole de Mālik, lorsqu'on lui demanda si la personne apte à répliquer aux Gens des passions déviantes devait le faire, il répondit : non, ce qui n'était pourtant pas l'avis d'Ibn Hurmuz[226], comme nous l'avons rapporté.

158. En revanche, après la diffusion massive de ces doctrines, leur enseignement dans les écoles et les cercles de savoir, leur consignation dans des livres et l'organisation de débats sur leurs bases, il n'était plus raisonnable de garder le silence face à eux. D'autant que nous observons que ces doctrines ne font que gagner en popularité, même en dépit des efforts des imams pour les réfuter, car la transgression est légère, et les gens sont naturellement attirés par la nouveauté.

159. Quant à la réponse de Mālik : *« Questionner à ce sujet est une innovation (bidʿa) »*, à la question : *« Comment Dieu a* istawā *sur le Trône ? »*, celle-ci est juste, car c'est une question qui mène à une assimilation de Dieu (*tashbīh*), à savoir demander « comment » alors qu'on ne doit pas interroger à Son sujet par « comment », vu que Ses attributs sont exempts de modalités (*kayfiyya*).

160. Et pour ce qu'a dit Aḥmad à al-Ḥārith al-Muḥāsibī : *« Ne fais-tu pas revivre leur innovation en en parlant ? Et ne pousses-tu pas les gens à consulter ces ouvrages et à réfléchir à ces ambiguïtés ? »*, il s'agit là une opinion qu'Aḥmad a eue. Pour autant, ce n'est pas parce qu'un savant émet une opinion que les musulmans doivent l'ériger en verset inaltérable ou en une *sunna* suivie, car celui qui la dit n'est pas infaillible ; il peut avoir tort ou raison. Et rapporter la mécréance ou les innovations d'autrui pour mettre en garde contre elles et montrer leur fausseté fait partie de la religion de Dieu.

161. La preuve en est que Dieu lui-même a rapporté dans Son Livre plusieurs formes de mécréance et d'égarement, comme dans ce verset : « Ceux qui disent : ‹Dieu est le troisième de trois› ont bel et bien mécru » [*Cor.* V, 73], ce à quoi Dieu répondit : « Il n'y a de dieu qu'un Dieu unique » [*Cor.* IV, 171].

---

226 ʿAbd Allāh b. Hurmuz (148/765) : juriste de Médine comptant parmi les Tābiʿīn. Il fait partie des maîtres de Mālik que celui-ci a fréquenté de longues années. Ce que semble pointer ici al-Turṭūshī comme un paradoxe, c'est que ce même Ibn Hurmuz était connu pour être versé dans le *kalām* et actif dans la réfutation contre ces mêmes personnes qualifiées de *Ahl al-ahwāʾ*. Notons que quelques décennies après al-Ṭurṭūshī, un autre ashʿarite maghrébin, Ibn Khumayr al-Sabtī (614/1217), déclarera dans ses *Muqaddimāt al-marāshid* que Mālik n'a certes pas produit d'écrits en *kalām*, mais a bel et bien étudié la discipline quinze années durant auprès d'Ibn Hurmuz. Ibn Khumayr, *Muqaddimāt al-marāshid ilā ʿilm al-ʿaqāʾid*, Tetouan, Maṭbaʿat al-Khalīj al-ʿarabī, 2004, p. 82.

162. مع أن أحمد إنما كانتْ محنتَه بالقدريةِ: المعتصمِ، وَوزيره ابن أبي دؤاد، وبِشْرٍ المريسي، وهُمْ بَيْضَةُ القدرية، فلهذا قال: علماء الكلام زنادقةٌ.

163. وكلُّ عاقل يعلم أنه لو كان مع أحمدَ حُجَج[151] قاطعة لبِدْعَة المعتصم لم يَشُكْه شَوكةً.

151 في الأصل: حجاج.

162. Tout en sachant que Aḥmad a enduré son épreuve à cause des Qadarites : al-Muʿtaṣim, son ministre Ibn Abī Du'ād[227], et Bishr al-Marrīsī[228] représentaient en effet le noyau dur de cette secte. C'est [en les visant qu']il a dit : « *Les savants du kalām sont des hérétiques* (zanādiqa). »

163. Par ailleurs, toute personne raisonnable sait pertinemment que si Aḥmad avait eu les preuves irréfutables suffisantes pour contrer l'innovation défendue par al-Muʿtaṣim, ce dernier n'aurait jamais osé l'effleurer ne serait-ce que d'une épine.

---

227 Aḥmad b. Abī Du'ād (240/854) : homme politique et théologien muʿtazilite irakien. Disciple d'un des étudiants de Wāṣil b. ʿAṭā', on lui attribue d'être parvenu à convaincre plusieurs califes ʿabbāsides d'imposer à la population la doctrine du Coran crée. Il meut à Bagdad d'hémiplégie.

228 Bishr b. Ghiyāth al-Marrīsī (138/755) : juriste ayant étudié auprès du ḥanafite Abū Yūsuf. Il est l'un des plus célèbres défenseurs de la doctrine du Coran crée, qu'il aurait défendu quarante années durant.

Bibliographie

Sources

al-Bājī, Birr al-walidayn, éd. M. A. H. al-Qadi, Beyrouth, 1986.
al-Bājī, Kitāb al-du'ā', éd. M. R. al-Daya, Beyrouth, Dār al-fikr al-mu'āṣir, 1988.
al-Ḍabbī, *Bughyat al-multamis fī tārīkh rijāl al-Andalus*, Le Caire, Dār al-Kātib al-'Arabī, 1977.
al-Dhahabī, *Siyar a'lām al-nubalā'*, Damas, Mu'assasat al-Risāla, 2001, vol. XIX.
al-Ghazālī, *Iḥyā' 'ulūm al-dīn*, Beyrouth, Dār al-Ma'rifa.
Ibn al-'Arabī, *al-'Awāṣim min al-Qawāṣim*, éd. Ṭālbī, Le Caire, Dār al-turāth, s. d.
Ibn 'Asākir, *Tabyīn kadhib al-muftarī*, Beyrouth, Dār al-Kitāb al-'arabī, 1984.
Ibn Khallikān, *Wafayāt al-a'yān*, éd. Iḥsān 'Abbās, Beyrouth, Dār al-Ṣādir, 1971, vol. IV.
Ṣarīfīnī, *al-Muntakhab min Kitāb al-Siyāq li-Tārīkh Naysābūr*, Qom, Jamā'at al-Mudarrisīn fī l-Ḥawza al-'ilmiyya, 1981.
Subkī (al-), *Ṭabaqāt al-Shāfi'iyya al-kubrā*, Le Caire, Hujar, 1992, vol. III.
al-Ṭurṭūshī, Kitāb al-bida' d'Ibn Waḍḍāḥ, éd. et trad. M. Fierro, 1988.
al-Ṭurṭūshī, Risāla fī taḥrīm al-jubn al-rūmī et *Kitāb Taḥrīm al-ginā' wa-l-samā'*, Dār al-Gharb al-islāmī, 1997.
al-Ṭurṭūshī, Kitāb al-ḥawādiṯ wa-l-bida', éd. M. Talbi, Tunis, 1959; éd. A. M. Turki, Beyrouth, Dār al-Gharb al-Islāmī, 1990.

Etudes

Alarcón, *Lámpara de príncipes*, 2 vol., Madrid, Instituto Valencia de Don Juan, 1930–31.
Amharar, *Langage et théologie chez Abū Bakr Ibn al-'Arabī*, New Jersey, Gorgias Press, 2023.
Amharar, *L'ash'arisme à Fès, des Almohades aux Mérinides, La profession de foi d'Abū 'Imrān al-Jawrā'ī. Introduction, édition critique, traduction et commentaire*, Rabat, Publications du Centre Jacques Berque, 2022.
Amharar, *Abū Bakr Ibn al-'Arabī (543/1148): Legacy and Transmission of the Thought of al-Ġazālī (505/1111) in al-Andalus*, Leyde, Brill, collection *Handbook of Oriental Studies*. 2024.
Amharar, « De Bagdad à Séville : étude d'une généalogie du *kalām*, d'al-Ash'arī à Abū Bakr Ibn al-'Arabī », *Abū Bakr Ibn al-'Arabī (543/1148) : Legacy and Transmission of the Thought of al-Ġazālī (505/1111) in al-Andalus*, Leyde, Brill, collection *Handbook of Oriental Studies*, septembre 2024, pp. 146–176.
Ben Abdesselem, «al-Ṭurṭūshī», in *Encyclopédie de l'Islam*, vol. X, Leiden, Brill, 2002, pp. 739–740.
Ben Cheneb, «al-Ṭurṭūshī», in *Encyclopédie de l'Islam*, vol. II, Leiden, E. Brill, 1913–1934, p. 378.
Ben Chrifa, « Abū Bakr al-Ṭurṭūshī: hal kān lahū dawr fī rujū' al-sunna ilā Miṣr? », *Mir'āt al-turāth*, 7 (2021), pp. 63–78.
Bernand, «Manuscrits inédits d'uṣūl al-dīn et d'uṣūl al-fiqh», *Arabica*, 29/2 (1982), pp. 215–220.
Bernand, *Le Muġnī d'al-Mutawallī*, Le Caire, IFAO, 1986.
Bouyges, *Essai de chronologie des œuvres de al-Ġazālī (Algazel)*, Beyrouth, Imprimerie Catholique, 1959.
Brockelmann, C., *Geschichte der arabischen Litteratur*, vol. I–II, Suppl., Leiden, Brill, 1943–1949.
Fierro, Maribel, *El libro de las novedades y las innovaciones*, Madrid, CSIC, 1993.

https://doi.org/10.1515/9783112233887-012

Fierro, «Un tortosino en Iraq», in *Abu Nuwás y otros, Iraquíes*, Málaga, Ediciones Miguel Gómez, 2003, pp. 39–46.
Fierro, «Al-Ṭurṭūshī», in D. Thomas and A. Mallett (eds.), *Christian-Muslim Relations. A Bibliographical History. Volume 3 (1050–1200)*, Leiden, Brill, 2011, pp. 387–396.
Fletcher, M., «Ibn Tūmart's Teachers. The Relationship with al-Ghazālī», *al-Qanṭara*, 18 (1997), pp. 305–330.
Fouda, *Mawqif al-Imām al-Ghazālī min ʿilm al-kalām*, Amman, Dār al-Fatḥ, 2009.
Frank, R. M., «Al-Ashʿarī's *Kitāb al-Ḥathth ʿalā l-Baḥth*», *MIDEO*, 18 (1988), pp. 98–100.
Garden, «Ibn al-ʿArabī and al-Ṭurṭūshī: Are Their al-Ghazālī Critiques Related?», in Amharar (ed.), *Abū Bakr Ibn al-ʿArabī (543/1148): Legacy and Transmission*, Leyde, Brill, 2024, pp. 90–107.
Ghrāb, «Ḥawl iḥrāq al-murābiṭīn li-Iḥyāʾ al-Ghazālī», in *Actas del IV coloquio Hispano-Tunecino*, Madrid, IHAC, 1983, pp. 133–163.
Gimaret, *La doctrine d'Ashʿarī*, Paris, Le Cerf, 1990.
Horten, *Die philosophischen systeme der spekulativen theologen im Islam*, Bonn, F. Cohen, 1912.
Kaḥḥāla, U. R., *Muʿjam al-muʾallifīn*, vol. XII, Damas, Maktabat al-Muthannā, 1961–1967.
Lagardère, «Al-Ṭurṭūshī, unificateur du malikisme…», *Revue des Études Islamiques*, XLVII (1979), pp. 173–190 ; «L'unificateur du malikisme…», *Revue de l'Occident Musulman*, 31 (1981), pp. 47–61.
Makdisi, «Ashʿarī and the Ashʿarites in Islamic Religious History II», *Studia Islamica*, n°18 (1963), pp. 19–39.
Mallett, «Two Writings of al-Ṭurṭūshī…», *Wiener Zeitschrift für die Kunde des Morgenlandes*, 107 (2017), pp. 153–177.
Manūnī (al-), « Iḥyāʾ ʿulūm al-dīn… », in *Ḥaḍārat al-Muwaḥḥidīn*, Casablanca, Dār Tubqāl, 1989, pp. 191–202.
McCarthy, *The Theology of al-Ashʿarī*, Beyrouth, Imprimerie Catholique, 1953.
Pons Boigues, F., *Ensayo bio-bibliográfico…*, Madrid, Est. Tip. San Francisco de Sales, 1898.
Siddiqui, «Jadal and Qiyās…», *Journal of the American Oriental Society*, 139/4 (2019), pp. 923–944.
Viguera, «Las cartas de al-Gazālī…», *Al-Andalus*, XLII (1977), pp. 341–374.
Walker, «Fāṭimid Alexandria…», *al-Masāq*, 26/1 (2014), pp. 36–48.
al-Sayyāl, «Abū Bakr al-Ṭurṭūshī», in *Aʿlām al-ʿArab*, Le Caire, Dār al-Kātib al-ʿArabī, 1968, p. 80.
al-Ziriklī, *al-Aʿlām*, vol. VII, Le Caire, 1954–1959.

Index

(Remarque : les chiffres arabes renvoient aux paragraphes et non aux pages)

Index des versets

III : 30
IV : 161
V : 161
VI : 97
VII :18, 29
XIII: 15
XVI : 126, 127, 132
XXI : 14, 31, 32
XXII : 96
XXIII : 15 (vers. 91), 16 (vers. 36–37)
XXX : 18, 28
XXXIII : 16
XXXVI : 16, 18, 21
XXXVII : 131,
XXXIX : 125, 129
XLII : 28
XLIII : 32, 123
L : 16
LI : 95, 142
LIX : 153
LXXIX : 142
LXXXI : 133
CXII : 28

Index des traditions prophétiques

« *Point de contagion [créatrice] ni d'augure* » 23
« *Ô Messager de Dieu, ma femme a accouché d'un enfant noir* » 25
« *Je te demande par Dieu : trouverais-tu dans ce que Dieu a révélé à Moïse, dans la Torah, le passage disant que Dieu n'aime pas l'érudit corpulent ?* 29
« *Les prophètes n'ont laissé ni dinar ni dirham, mais ils ont laissé la science ; quiconque la prend aura pris une part abondante* » 54
« *Malheur aux outranciers !* » 91
« *Lorsque la question de la prédestination (al-qadar) est évoquée, alors abstenez-vous (d'en discuter)* » 93

Index des personnalités citées :

ʿAbbās al-ʿAnbarī: 46
ʿAbd Allāh b. ʿUmar : 66
ʿAbd al-Raḥmān b. Mahdī : 46
Abraham : 13, 97, 104
Abū Ḥanīfa : 47
Abū Ṣāliḥ : 75
Abū Yūsuf : 85
Abū Mūsā al-Ashʿarī : 144
Aḥmad b. Ḥanbal : 46, 86, 89, 145, 147, 149, 160, 162, 163
Al-Ashʿarī : 2, 149, 155
Al-Awzāʿī : 47
Al-Ḥārith al-Muḥāsibī : 87, 160
ʿAlī b. Abī Ṭālib : 119
Al-Karābīsī : 80
Al-Muʿtaṣim : 145, 147, 162, 163
Al-Shaʿbī : 148
Al-Shāfiʿī : 47, 77, 78, 80, 81, 84, 149, 150, 154
Al-Thawrī : 47
Al-Zaʿfarānī : 84
ʿAmr b. Dīnār : 46
Bishr al-Marrīsī : 162

https://doi.org/10.1515/9783112233887-013

L'érudit corpulent (*al-ḥabr al-samīn*) : 29
Ezra : 31
Ḥafṣ al-Fard : 78, 80, 81, 154
Ibn ʿAbbās : 75
Ibn ʿAbd al-Aʿlā: 78
Ibn Abī Du'ād : 162
Ibn al-Zibaʿrā : 31
Ibn Hurmuz: 157
Ibn Masʿūd : 74
Jaʿfar b. Muhammad : 46
Jésus : 31, 32, 60
Mālik : 47, 64, (Abū ʿAbd Allāh) 65, 67, 68, 69, 70, 72, 76, 141, 148, 149, 150, 151, 152, 153, 157, 159
Moïse : 29
Ṣabīgh: 63, 141, 144
Sufyān b. ʿUyayna: 46
ʿUmar b. ʿAbd al-ʿAzīz : 73
ʿUmar b. Al-Khaṭṭāb : 63, 76, 144, 145
Wakīʿ: 46

Index des groupes

Anṣār : 71
Ascètes (*zuhhād*) : 111, 122
Compagnons : 4, 9, 10, 33, 35, 40, 43, 44, 57, 62, 63, 74, 95, 110, 111, 113, 118, 119, 138, 153
Dahriyya : 23
Gens des passions déviantes (*Ahl al-ahwāʾ*) : 65, 148, 150, 151, 157
Ḥarūrites :152
Hérétiques (*zanādiqa*) : 162, 65, 75
Ibāḍites : 65
Innovateur : 9, 145
Juristes (*fuqahāʾ*) : 10, 50, 111, 120, 138,
Khawārij : 65, 148
Murjiʾites : 148
Muʿtazilites : 78, 148
Qadarites : 65, 148, 151, 154, 162
Rāfiḍites : 148
Suiveurs (*tābiʿūn*) : 40

Index des livres

Coran : 11, 12, 38, 39, 41, 45, 48, 95, 96, 111, 116, 125, 134, 141, 145
Muwaṭṭaʾ : 110, 141
(*Ṣaḥīḥ* d') al-Bukhārī : 110
(*Ṣaḥīḥ* de) Muslim: 110
(*Sunan* d') Abī Dāwūd : 110
(*Sunan* d') al-Nasāʾī : 110
Torah: 29

Index des notions

Accident (*ʿaraḍ* pl. *aʿrāḍ*) : 3, 44, 110
Affranchissement (*ʿitq*) : 47
Akdariyya : 35
Akwān : 3
Analogie (*qiyās*) : 36, 138
Bond (*ṭafra*) : 3, 10, 38
Butin (*fayʾ*) : 153
Cas de parts excédentaires (*ʿawl*) : 35
Cercle vicieux (*dawr*) : 47
Consensus (*ijmāʿ*) : 37, 109, 110
Dette (*dayn*) : 47
Divisions (*aqsām*) : 110
Divorce irrévocable (*bāʾin*) : 35
Effort de déduction (*ijtihād*) : 36
Elément (*juzʾ* pl. *ajzāʾ*) : 3, 110
Grammaire (*naḥw*) : 119
Ḥabluk *ʿalā ghāribik* : 35
Innovation (*bidʿa* pl. *bidaʿ*): 3, 4, 6, 64, 113, 119, 159, 160
Ishmām : 121
Istiwā : 64

Jihād: 119, 141
Lavage intime : 92
Miracle (*mu'jiza*) : 57, 60, 100, 101
Modalité (*kayfiyya*) : 159
Munāsakha : 47
Mushtaraka : 35
Obligation collective : 139, 140
Obligation personnelle (*farḍ 'ayn*) : 139, 140
Prédestination (*qadar*) : 93, 95
Prononcé définitif du divorce (*al-batta*) : 35
Rawm : 121
Recommandé (*mandūb*) : 139
Sciences scripturaires (*sam'iyyāt*) : 138
Sciences rationnelles (*'aqliyyāt*) : 138
Stations (*maqāmāt*) : 122
Substance (*jawhar* pl. *jawāhir*) : 59, 110
Takfīr: 46
Testaments (*waṣāyā*) : 47

www.ingramcontent.com/pod-product-compliance
Lightning Source LLC
LaVergne TN
LVHW042243300926
849161LV00003B/452